भाषण-कला

भाषण-कला

महेश शर्मा

प्रकाशक
प्रभात प्रकाशन प्रा. लि.
4/19 आसफ अली रोड, नई दिल्ली–110002
फोन : 011–23289777 • हेल्पलाइन नं. : 7827007777
इ–मेल : prabhatbooks@gmail.com ❖ वेब ठिकाना : www.prabhatbooks.com

संस्करण
2026

पेपरबैक मूल्य
तीन सौ रुपए

मुद्रक
नरुला प्रिंटर्स, दिल्ली

———— ★ ————

BHASHAN-KALA
by Shri Mahesh Sharma

Published by **PRABHAT PRAKASHAN PVT. LTD.**
4/19 Asaf Ali Road, New Delhi-110002

ISBN 978-93-5048-307-7

₹ 300.00 (PB)

अच्छा वक्ता बनना है तो अच्छे श्रोता बनो।
अच्छा लेखक बनना है तो अच्छे पाठक बनो।
अच्छा गुरु बनना है तो अच्छे शिष्य बनो।
अच्छा राजा बनना है तो अच्छे नागरिक बनो।
अच्छा स्वामी बनना है तो अच्छे नौकर बनो।

अपनी बात

जिस प्रकार धनुष से निकला हुआ बाण वापस नहीं आता, उसी प्रकार मुँह से निकली बात भी वापस नहीं आती, इसलिए मनुष्य को कोई भी बात सोच-समझकर बोलनी चाहिए।

मनुष्य को सदा उत्तम वाणी अर्थात् श्रेष्ठ लहजे में ही बात करनी चाहिए और सत्य वचन बोलना चाहिए। संयमित बोलना, मितभाषी होना अर्थात् कम बोलनेवाला मनुष्य सदा सर्वत्र सम्मानित व आदर का पात्र होता है। कारण यह कि प्रत्येक मनुष्य के पास सत्य का कोष सीमित ही होता है और शुरू में इस कोष के बने रहने तक वह सत्य बोलता ही है; किंतु अधिक बोलनेवाले मनुष्य सत्य का संचित कोष समाप्त हो जाने के बाद भी बोलते रहते हैं, तो कुछ न सूझने पर झूठ बोलना शुरू कर देते हैं, जिससे वे विसंगतियों और उपहास के पात्र होकर अपमानित व निंदनीय हो अलोकप्रिय हो जाते हैं। अत: वहीं तक बोलना जारी रखें, जहाँ तक सत्य का संचित कोष आपके पास है। धीर-गंभीर और मृदु वाक्य बोलना एक कला है, जो संस्कारों से और अभ्यास से स्वत: आती है ।

देश में पिछले एक दशक में जो सबसे बड़ा बदलाव आया है, वह है जीवन के विभिन्न क्षेत्रों में नए, चैतन्यशील और जन-जुड़ाव के आकांक्षी नेतृत्व का उद्भव। दो शताब्दियों के संधि काल में शुरू हुआ यह परिवर्तन विशेषकर राजनीति, सामाजिक सरोकार, अध्यात्म तथा शिक्षा के क्षेत्र में ज्यादा परिलक्षित हुआ है। यह संपूर्ण बदलाव बातचीत की बाजीगरी का परिणाम है। इस फेर-बदल ने साबित कर दिया कि जनजीवन के इन मुख्य क्षेत्रों में वाक्-कौशल ही किसी को शिखर पर प्रतिष्ठित कर सकता है। हमने विशद

अध्ययन के परिणामों के आधार पर भाषण को भाषा का उद्‌गम बताते हुए इस बात को प्रमाणित करने का प्रयास किया है कि यदि भाषा में प्रवीणता है तो वाक्-चातुर्य में निष्णात होने में कहीं कोई अवरोध नहीं है। इस बाजीगरी के लिए जिन महत्त्वपूर्ण तत्त्वों की आवश्यकता होनी चाहिए, हमने उनकी महत्ता को भी दरशाया है। वाक्श्लाघा के विभिन्न अर्थों को परिभाषित करती यह पुस्तक गहरे आत्मचिंतन के लिए भी प्रेरित करती है कि वक्ता और श्रोता के बीच सेतु का निर्माण परिमार्जित ज्ञान की लहरों पर विकसित होता है।

भाषण की परिपूर्णता उसके रोचक होने और सम्मोहक शक्ति-पुंज बनने में है। सार्वभौमिक कसौटी पर खरा उतरने के लिए यही अनिवार्य भी है, जो वक्ता की शख्सियत को विराट् बनाती है। हमने पुस्तक में ऐसे असाधारण व्यक्तियों की गतिशीलता को भी रेखांकित किया है, जिन्होंने भाषण को गजब की धार देते हुए श्रोताओं को मंत्रमुग्ध किया है। हमने इस पुस्तक में वाक्-चातुर्य की परंपरा की छटा को नयनाभिराम बनाते हुए कुछ विलक्षण घटनाओं का भी समावेश किया है, जो कहने और सुनने के बीच एक मजबूत पुल का काम करती है। हमारी प्रत्याशा है कि यह पुस्तक वाक्-कौशल में पारंगत होने के अभिलाषी व्यक्तियों का समुचित मार्गदर्शन कर सकेगी।

—लेखक

अध्याय-क्रम

	अपनी बात	*7*
1.	अच्छे वक्ता के गुण	11
2.	भाषण के महत्त्वपूर्ण घटक	15
3.	अच्छा वक्ता : अच्छा श्रोता	27
4.	भाषण की विषय-वस्तु	32
5.	भाषा पर अधिकार	34
6.	अच्छे वक्ता तनाव से बचें	38
7.	बॉडी लैंग्वेज	41
8.	श्रोताओं की जिज्ञासा की कद्र करें	48
9.	भाषण में रोचकता का समावेश	51
10.	भाषण-कला का नियमित अभ्यास	55
11.	वाणी-दोष से बचें	61
12.	अच्छा वक्ता : अच्छा समीक्षक	65
13.	वक्ता बनाम भाष्यकार	69
14.	दिमाग से सक्रियता, दिल से संतुलन	74
15.	भाव-भंगिमा और तन्मयता	84
16.	अध्ययन, मनन और चिंतन	90
17.	सार्थक संवाद-संप्रेषण	95
18.	भाषण और जन-संपर्क	104
19.	शब्दों की अमोघ शक्ति को पहचानें	110
20.	कमजोर पड़ती भाषण कला	118

21. अमेरिका की बहनो और भाइयो!
स्वामी विवेकानंद (1863–1902) 121
22. स्वराज्य मेरा जन्मसिद्ध अधिकार है
बाल गंगाधर तिलक (1856–1920) 124
23. तुम मुझे खून दो, मैं तुम्हें आजादी दूँगा
सुभाषचंद्र बोस (1897–1945) 128
24. नियति से मुलाकात
जवाहरलाल नेहरू (1889–1964) 132
25. लाहौर में
अटल बिहारी वाजपेयी 135
26. जनता की, जनता के द्वारा, जनता के लिए
अब्राहम लिंकन 139
27. क्षमा-याचना
गैलीलियो गैलिली 141
28. मेरा आदर्श
नेल्सन मंडेला 143
29. मेरा सपना
मार्टिन लूथर किंग जूनियर 146
30. मैं लोकतंत्र के आदर्शों का पैरोकार हूँ
अल्बर्ट आइंस्टीन 151

1

अच्छे वक्ता के गुण

किसी भी आयोजन की सफलता उसमें आमंत्रित प्रसिद्ध एवं लोकप्रिय वक्ताओं पर निर्भर होती है। आयोजन चाहे सामाजिक हो, राजनीतिक, धार्मिक अथवा संत समागम से जुड़े हों, लोगों में यह जिज्ञासा स्वाभाविक रूप से प्रकट होती है कि 'कौन आ रहे हैं?' लोगों की इस उत्सुकता के पीछे उस वक्ता की ख्याति अथवा कुख्याति छिपी होती है। उदाहरण के लिए, गुजरात के मुख्यमंत्री नरेंद्र मोदी अथवा उनके समकक्ष किसी नेता का जिक्र किया जाए तो उन्हें सुनने के लिए बेतहाशा भीड़ उमड़ेगी। ऐसे में यह जानना स्वाभाविक है कि वक्ता कैसा होना चाहिए? अच्छे वक्ता का सबसे बड़ा गुण है–उसका प्रभावी व्यक्तित्व। व्यक्तित्व का अर्थ उसका सुदर्शन होना आवश्यक नहीं है; अपितु रख-रखाव और व्यावहारिक दृष्टि से उसे आम लोगों से भिन्न और असाधारण लगना चाहिए। परिवेश भी शारीरिक संरचना के अनुरूप होना चाहिए। अमूमन राजनीति से जुड़े लोग कुर्ता, पाजामा और जाकेट पहनते हैं; लेकिन कद-काठी को देखते हुए आवश्यक नहीं कि सभी पर यह पोशाक फबे।

मैं एक ऐसे राजनेता को जानता हूँ, शुरू से जिनकी पोशाक पैंट-शर्ट रही, किंतु जब सांसद बने तो केंद्रीय राजनीति में सक्रिय होने से उन्हें लगा कि उन्हें कुर्ता-पाजामा पहनना चाहिए। संसद् शुरू होने से पहले उन्होंने कुर्ता-पाजामा बनवाने और उसे पहनने का अभ्यास करने के लिए जमीन-आसमान के कुलाबे मिला दिए। उन्होंने सामान्य पाजामे से लेकर अलीगढ़ी पाजामे तक बनवा लिये, किंतु कोई भी पोशाक उन पर फब नहीं सकी। कुर्ते-पाजामे ने उनको और हास्यास्पद बना दिया। आखिर में उन्होंने पैंट-शर्ट को ही चुना। इस पोशाक में उनका व्यक्तित्व पहले की तरह ही निखरकर आया। इसलिए

कहावत भी है कि 'खाओ मन चाहा, पहनो जग चाहा।'

भाषण-कला में वक्ता की आवाज की प्रखरता का विशेष महत्त्व होता है। अभिनय के क्षेत्र में सक्रिय विशेषज्ञों की मानें तो 'आवाज की साधना भी एक कला है। जिस तरह नियमित रियाज से संगीत को सँवारा जाता है, ठीक उसी तरह आवाज को भी तराशा जा सकता है। मास मीडिया संस्थानों ने तो इस तरह के पाठ्यक्रम भी शुरू किए हैं, जिनमें बोलने का अंदाज तथा उच्चारण को निखारने के तौर-तरीके सिखाए जाते हैं। इस नई शैक्षिक प्रणाली में आवाज को साधने व तराशने के अलावा इस बात का अभ्यास भी कराया जाता है कि 'कैसे होंठों तथा आवाज में तालमेल उत्पन्न किया जाए।'

लोगों को तत्काल प्रभावित करने की बात करें तो गगन गंभीर आवाज श्रोताओं को मंत्रमुग्ध कर सकती है। इस संबंध में अभिनेता अमिताभ बच्चन तो 'चलते-फिरते पाठ्यक्रम हैं।' लेकिन एक आवाज का प्रभाव किसी प्रसंग को बुलंदियाँ दे सकता है तो इस संदर्भ में हरीश भीमाणी का उदाहरण दिया जा सकता है, जिनकी पार्श्व में की गई कमेंटरी धारावाहिक 'महाभारत' की अन्यतम सफलता में मुख्य कारक सिद्ध हुई।

उत्पादों को ग्राहकों में लोकप्रिय बनाने के लिए बनती विज्ञापन फिल्मों का मूल आधार ही आवाज है। मुंबई में तो आवाज तराशने की अकादमी तक सक्रिय है। अच्छी आवाज को ठीक से परिभाषित किया जाए तो कहना होगा—एक ऐसी आवाज, जो सहज ही श्रोता को मंत्र-मुग्ध कर दे, अर्थात् एक ऐसी आवाज—जिसमें हकलाहट नहीं हो अपितु नदी जल जैसा प्रवाह हो। किसी भी आयोजन की सफलता बहुत कुछ एंकर पर भी निर्भर करती है। उसकी आवाज का जादू ही लोगों में आयोजन के प्रति आकर्षण जगाता है। पार्श्व गायक तो सभी लोकप्रिय हुए हैं, लेकिन हेमंत कुमार की आवाज तो करोड़ों में एक थी। वे गाते थे तो ऐसा लगता था जैसे किसी मंदिर में घंटियाँ बज रही हों! आवाज की जादूगरी तो निश्चित रूप से कुदरत की देन होती है, किंतु असरदार तब होती है जब उसे सँवारा जाता है।

श्रोताओं को बरबस बाँध लेने के लिए वक्ता के व्यक्तित्व की विशिष्टता को परिभाषित करना हो तो इस प्रकार कहना चाहिए कि उसका हर शब्द एक रूह, एक जिस्म, एक पोशाक की तरह होना चाहिए; क्योंकि यही सब मिलकर जिंदा विचार बनते हैं, जो श्रोताओं के अंतर्मन को प्रभावित करते हैं। वक्ता को इस बात की महारत हासिल होनी चाहिए कि वे थोड़े से शब्दों के

आलोक में भी जीवन की तमाम छोटी-बड़ी चीजों को भुला सके। बिना किसी प्रकार की विद्वत्ता दरशाए जीवन के सच का श्रोताओं से साक्षात्कार करवा सके।

अच्छा वक्ता वही है, जो संस्मरणों, आत्मदृश्यों और जीवनीपरक वृत्तांतों से श्रोताओं में दिलचस्पी जगा सके। वक्ता को जानना चाहिए चुहल, बेबाकपन तथा सहजता ही श्रोताओं के साथ आत्मीयता उत्पन्न करती है। वक्ता में नीरस विषय को भी रुचिकर अनुभवों से समृद्ध करने की क्षमता होनी चाहिए। इससे श्रोता न तो ऊबेगा और न ही थकेगा। वक्ता को जानना चाहिए कि काव्योचित शैली भी कहीं-कहीं श्रोताओं को बाँधने का काम करती है।

अच्छे वक्ता के व्यक्तित्व में नेतृत्व की झलक मिलना नितांत आवश्यक है और यह संवाद की स्पष्टता से ही संभव है। राजनीति में ऐसे कई प्रसंग मिलते हैं, जब नेताओं के बयान महज एकाध शब्दों की ऊँच-नीच से विवादास्पद हो जाते हैं और तब नई बयानबाजी शुरू होती है कि 'मैंने ऐसा नहीं कहा। मेरे कथन को तोड़-मरोड़कर छापा गया।'

किसी भी वक्ता को जानना चाहिए कि 'सीधी और स्पष्ट बात ही उसे निर्विवाद बना सकती है। अपने ज्ञान और अपने विचारों में श्रोताओं को भागीदार बनाना भी वक्ता को जनप्रिय बनाती है। श्रोताओं के बीच वक्ता के कथन की विश्वसनीयता बहुत बड़ी चीज है। अन्यथा ऐसे अनेक प्रसंग मिलते हैं, जब जनसभाओं की समाप्ति के बाद श्रोता यह कहने से नहीं चूकते कि 'अरे भाई, इस आदमी का क्या विश्वास, आज कुछ और कहा है, कल कुछ और कहा था।' शैक्षिक संस्थानों की बात करें तो अकसर ऐसा देखा जाता है कि छात्र किसी प्राध्यापक विशेष का लेक्चर सुनने को बेहद उत्साही नजर आते हैं। छात्रों का यह रुझान उस प्राध्यापक को विशिष्ट बनाता है। ऐसा इसलिए कि प्राध्यापक ने छात्रों के मन को पढ़ने का अकूत अभ्यास किया है। श्रोता वक्ता के प्रभावी व्यक्तित्व की अपेक्षा करता है। इसके लिए शारीरिक व मानसिक रूप से ऊर्जावान होना पहली शर्त है।

'फ्री प्रेस' के लेखक जिम लोहेर तथा टोनी स्वाट्र्ज की मानें तो 'वक्त नहीं है' की भावना वक्ता के उच्चतम प्रदर्शन और उसकी प्रगतिमूलक मानसिकता की द्योतक है। इसके पीछे छिपी होती है ऊर्जा को संगठित करने की सोच। अकसर ऐसा होता है कि कुछ कार्यों के नतीजे सकारात्मक नहीं होते, सभाओं में अपेक्षित भीड़ नहीं जुट पाती। ऐसे में कुंठाग्रस्त होने की

अपेक्षा विगत के सफल आयोजनों को याद करना चाहिए। इस मामले में हारमोनी बुक्स के लेखक जुडिथ आरलिफ का कथन काफी कुछ कह देता है कि 'अपनी संवाद कायम करने की योग्यता का स्मरण करना चाहिए। सभा के दौरान कभी-कभी ऐसे अवसर भी आते हैं कि मुद्दों की अति गंभीरता लोगों में ऊब पैदा कर देती है। तब माहौल को हलका बनाने का प्रयास करना चाहिए। हँसी-ठिठोलीवाली घटनाओं का बखान करने से ऐसा हो सकता है। वक्ता को ऐसे किसी भी विचारों को हावी नहीं होने देना चाहिए, जिससे ऊर्जा प्रभावित होती है। धार्मिक प्रवचनों की सफलता का सबसे बड़ा कारण वक्ता का ऊर्जावान होना है। पुराण कथाओं के अंश सुनाते हुए कब वे हास्य प्रसंगों की रचना कर बैठते हैं? दरअसल वक्ता जानते हैं कि एकरसता वातावरण को नीरस बना देती है। किंतु इस सबके पीछे जरूरी है आशावादी दृष्टिकोण। निराशा की एक हलकी सी लकीर भी वक्ता को विषादपूर्ण स्थिति में धकेल सकती है।

राजनीतिक, सामाजिक अथवा धार्मिक भाषण प्रवचन करनेवाले वक्ताओं का चेहरा सदैव दमकता हुआ ही क्यों नजर आता है? इसके पीछे होती है उनकी भावनात्मक ऊर्जा। वे थकान या हताशा जैसा कोई भी चिह्न अपने-अपने चेहरे पर नहीं आने देना चाहते।

□

2

भाषण के महत्त्वपूर्ण घटक

भाषण को तीन हिस्सों में विभक्त किया जा सकता है। पहला–विषय परिचय, दूसरा–विषय-वस्तु तथा तीसरा–निष्कर्ष। भाषण की तैयारी और प्रस्तुति कोई सामान्य बात नहीं है। बिना किसी तैयारी के मंच पर चले जाना और कुछ भी कह देना भाषणबाजी नहीं होती। भाषण को यदि कला-कौशल की संज्ञा दी गई है तो इसलिए कि अवसर के अनुसार बिंदु तैयार करने के बाद प्रभावी तरीके से उसकी प्रस्तुति की जाए। भाषण का पहला अंश परिचय होता है, जो इतना परिमार्जित होना चाहिए कि पल भर में ही श्रोता का ध्यान आकर्षित हो जाए। परिचय ही विषय-वस्तु का परिचायक होता है, जो इस बात की झलक देता है कि वक्ता क्या कहना चाहता है। विषय-वस्तु में उन बिंदुओं का समावेश होना चाहिए जिन पर पूरा भाषण केंद्रित होना है।

भाषण का समापन निष्कर्ष से होना चाहिए कि आखिर इस संपूर्ण आख्यान का सार-संक्षेप क्या है। मान लिया जाए कि वक्ता को आरक्षण पर भाषण देने के लिए आमंत्रित किया गया है। ऐसे में उसे कैसे उसकी शुरुआत करनी है। उसे तर्कसंगत तरीके से समझना होगा कि आरक्षण क्या है? इस शब्द का उद्‌गम कहाँ से हुआ है? हमारी संस्कृति के परिप्रेक्ष्य में इस शब्द की क्या अनिवार्यता है? तत्पश्चात् विषय-वस्तु में उन बिंदुओं की व्यापक चर्चा करनी होगी, जिनके माध्यम से आरक्षण का अच्छा-बुरा पक्ष और देश-समाज के संदर्भ में इसके दूरगामी परिणाम दरशानेवाले होंगे। सारांश में निष्कर्ष समझाना होगा कि आरक्षण ने हमें किस स्थिति में ला खड़ा किया है। अब हमने आगे क्या सोचा है? वक्ता की सफलता तभी है, जब वह अपने भाषण या प्रस्तुति में परिचय, विषय-वस्तु तथा निष्कर्ष को

इस प्रभावी ढंग से प्रस्तुत करें कि श्रोता एक गहरे सम्मोहन में डूब जाए। शैक्षिक कार्यक्रमों में विषय को लेकर श्रोताओं में अज्ञानता नहीं होती। उनमें विषय-वस्तु की तार्किक व्याख्या सुनने-समझने की प्रतीक्षा रहती है। किंतु सारी बात प्रश्नों के समाधान पर टिकती है। इसलिए कोचिंग क्लासेज का भविष्य समाधान-युक्त भाषण पर टिका होता है। अलबत्ता सामाजिक समारोह ज्यादातर समाज विशेष की सांगठनिक एकता, वैवाहिक परिचय सम्मेलन अथवा समाज की विभूतियों के कृतित्व और व्यक्तित्व के इर्द-गिर्द छाए रहते हैं। इसलिए श्रोताओं का रुझान सामाजिक निष्ठा के रूप में ज्यादा रहता है। ऐसे इन आयोजनों में श्रोताओं की उपस्थिति में औपचारिक भाव ज्यादा रहता है, किंतु उत्कंठा की तीव्रता तो फिर भी बनी रहती है कि आखिर वक्ता कितना प्रतिभाशाली है।

धार्मिक सभाओं में तीनों ही बातों की महत्ता यथावत् रहती है। श्रद्धालु श्रोता धार्मिक आयोजनों में जितने निष्ठा भाव से जुड़े रहते हैं, उसकी परिकल्पना करना सहज नहीं है। अपनी अटूट श्रद्धा के कारण श्रोता अध्यात्म से पूरी तरह ओत-प्रोत तथा आस्था में गहरे तक डूबा होता है। इसलिए चमत्कारी पुराण कथाओं को पूरी तरह दत्तचित्त होकर सुनता है। ऐसे में वक्ता को कथा के समस्त प्रसंगों की सांगोपांग जानकारी नितांत आवश्यक है। धर्म सभाओं का निष्कर्ष यही होता है कि 'ईश्वर की आराधना में ही जीवन का कल्याण है। इन सभाओं का महत्त्वपूर्ण पहलू होता है वक्ता के प्रति श्रेष्ठतम सम्मान भाव। वक्ता पर निर्भर होता है कि वह कैसे श्रोता का सम्मान अर्जित करे और यथास्थिति में बनाए रखे। यह वक्ता के विषय के गहन अध्ययन तथा प्रस्तुति के चमत्कारिक चातुर्य पर निर्भर है।

भाषण में परिचय की विशिष्ट महत्ता है, अर्थात् परिचय जितना दमदार होगा, श्रोताओं का रुझान उतना ही बढ़ेगा। अकसर कुछ श्रोता ऐसे भी होते हैं, जिनका दृष्टिकोण और विचार एक निश्चित दायरे में बँध जाते हैं। ऐसी स्थिति में वक्ता की बात ग्रहण करना उन्हें अपमानजनक लगता है। लेकिन अगर भाषण की शुरुआत ही सशक्त और दमदार होगी तो उन्हें व्यवधान उत्पन्न करने का अवसर नहीं मिल सकता। सामाजिक संदर्भों, क्षेत्र के लोगों की संवेदना को छूनेवाले मुद्दों तथा आम आदमी के दर्द में पिरोई हुई भाषा में डुबोकर भाषण को इतना रोचक बनाया जाए कि श्रोता चाहे अनपढ़ हो या पढ़ा-लिखा, प्रत्येक स्थिति में सुनने को बाध्य हो जाए।

वयोवृद्ध राजनेता अटल बिहारी वाजपेयी के भाषणों की सरसता का मुख्य कारण था कि वे भाषण की शुरुआत किसी रोचक दृष्टांत से शुरू करते अथवा सामयिक संदर्भों से जुड़ी किसी राजनीतिक घटना को चुटीली भाषा में इस तरह अभिव्यक्त करते कि लोग हँस-हँसकर लोट-पोट हो जाते और उनका पूरा ध्यान अटलजी की तरफ केंद्रित हो जाता। समाज-शास्त्रियों की दृष्टि में यह श्रोताओं को भाषण सुनने के लिए तैयार करने का श्रेष्ठतम तरीका है। एक तरह से यह श्रोता के लिए मानसिक खुराक है, जिससे उसमें भाषण सुनने की उत्कंठा जाग्रत् हो जाती है। किंतु जो भी कथा या हास-परिहास की बात सुनाई जाए वह भाषण की विषय-वस्तु से संबद्ध होनी चाहिए। श्रोता को सम्मोहित करना, यह उपाय क्या वास्तव में कारगर सिद्ध हो सकता है? अभ्यास के दौरान वक्ता को इस बात को पूरी तरह परख लेना चाहिए, ताकि भाषण के दौरान उसका पूरा आत्मविश्वास बना रहे।

कथा और चुटकुलों के अलावा भाषण की शुरुआत के लिए विषय-वस्तु से संबद्ध उद्धरण भी चुने जा सकते हैं। हमारा आशय श्रोता का ध्यान पूरी तरह वक्ता की ओर खींचना होना चाहिए। सच पूछा जाए तो भाषण की विषय-वस्तु पर मशक्कत करने से ज्यादा महत्त्वपूर्ण काम है ऐसे प्रसंगों का चयन करना अथवा ऐसे वाक्यों व प्रसंगों की खोज करना, जिनसे भाषण की धमाकेदार शुरुआत हो सके। वक्ता को अभ्यास के लिए आकर्षित करनेवाली पंक्तियाँ कंठस्थ कर लेनी चाहिए। विभिन्न खबरी चैनल के न्यूज रीडर जिस तरह चौंकानेवाले अंदाज में शुरुआत करते हैं, उससे श्रोता पूरी तरह उत्कंठित होकर चैनल से जुड़ जाता है। यह तरीका भाषण की ओर श्रोता को उन्मुख करने की सबसे उत्कृष्ट तरकीब है। लेकिन जैसी भी शुरुआत की जाए, उसका जुड़ाव पूरी तरह भाषण की विषय-वस्तु से हो। कहीं-कहीं मॉडल, स्लाइड्स तथा चार्ट दिखाकर भी भाषण की शुरुआत की जाती है; किंतु ऐसा प्रयास शैक्षिक जगत् में ही ज्यादा होता है।

प्रभावी भाषण की भूमिका तभी सार्थक हो सकती है, जब विषय-वस्तु को अदृश्य रखा जाए। कुछ लोग अकसर इस तरह भी भाषण की शुरुआत कर देते हैं कि आज मैं जिस विषय पर बोलने वाला हूँ, यह तरीका विषय-वस्तु के तिलिस्म को खत्म करने जैसा है। जब पहले ही विषय का रहस्योद्‍घाटन हो जाएगा तो श्रोता में उत्कंठा रहेगी कैसे? अच्छी भूमिका से

आहिस्ता-आहिस्ता यदि विषय-वस्तु सामने आएगी, तभी उत्सुकता बनेगी। अकसर ऐसा भी होता है कि जरूरत से ज्यादा उतावले श्रोता भूमिका के दौरान ही कोई प्रश्न कर देते हैं। ऐसे में आत्मविश्वास को बनाए रखने की जरूरत है। वक्ता के लिए यह जोखिम की स्थिति भी हो सकती है। किंतु सच कहें तो यह उनकी परीक्षा की घड़ी होती है। यहाँ वक्ता की बौद्धिकता काम आती है। यदि श्रोता के पूछे गए प्रश्न से ही भाषण की शुरुआत कर दें तो उसका श्रोताओं पर जबरदस्त प्रभाव पड़ सकता है।

महत्ता की दृष्टि से भूमिका भाषण को मुख्य अंश तक ले जाती है, अर्थात् यह एक तरह के सेतु का काम करती है। भूमिका का समय दो-तीन मिनट से ज्यादा का नहीं होता; किंतु अभ्यास के दौरान इस पर पूरा जोर देना चाहिए। शुरुआत की भूमिका बनाने के बारे में यह सोचकर रह जाना कि मौके पर ही देख लेंगे, सर्वाधिक गलत बात है; क्योंकि ऐन वक्त पर सोचने की कोशिश सबकुछ गड़बड़ा सकती है। कम समय में सशक्त रूप से बोलने की पूरी तैयारी करनी चाहिए। विषय परिचय से लेकर निष्कर्ष तक किया जानेवाला परिपूर्ण अभ्यास किसी भी अनर्थ से बचाए रखता है और वक्ता की गरिमा को भी बनाए रखता है।

विषय-वस्तु भाषण का मुख्य हिस्सा कहा जाता है। 20 मिनट के भाषण में 15 मिनट विषय-वस्तु पर ही केंद्रित रहना चाहिए। इस अवधि में आपके श्रोता को वह सबकुछ बता देना होता है, जो भाषण मुख्य भाग होता है। वक्ता को इस बात का ज्ञान होना चाहिए कि उसके भाषण के कौन से अंश श्रोता को प्रश्न के लिए प्रेरित कर सकते हैं। ऐसी स्थिति में प्रश्नों के समाधान पूरी तरह वक्ता के मस्तिष्क में होने चहिए। भाषण में दोहराव कतई नहीं होना चाहिए और वक्ता को पता रहना चाहिए कि अब तक क्या कहा जा चुका है और आगे क्या कहना है? यह इतनी नाजुक घड़ी होती है; जब शब्दों पर पूरी तरह नियंत्रण रखने का कौशल दरशाना है और बात को इस तरह कहना है, ताकि श्रोता भली प्रकार समझ सकें। इससे असमंजस की स्थिति उत्पन्न नहीं होती। याद रखें कि कम शब्दों में कही गई अधिक बात ज्यादा असर करती है।

वक्ता अपनी मुट्ठी में समस्या पर सापेक्ष दृष्टि और समाधान का एक विस्तृत संसार लेकर मंच पर आता है। लोगों में बाँटने के लिए यह उसकी निजी दुनिया ही नहीं, निजी विचार भी होते हैं, जो भावनात्मक स्तर पर

श्रोता का ध्यान खींचते हैं।

वक्ता की यह निजी दुनिया श्रोता को भी अपनी निजी दुनिया लगे, यही उसकी सफलता है; क्योंकि उसमें घटनाओं, संवेदनाओं, उद्वेग, उत्सुकता, हँसी, आँसू आदि का माल-गारा लगा होता है। विषय-वस्तु की सार्थकता तभी है, जब श्रोताओं को वह अपनी-सी लगे। वक्ता को ऐसी तसवीर खींचनी होती है, जो समस्याओं और मुद्दों का सही चित्रण करती है। समस्या के संदर्भ में यदि वक्ता संवेदना में सने शब्दों से आम आदमी तथा मध्यमवर्गीय परिवार का दर्द उकेर देता है तो निश्चित रूप से उसे श्रोता का समर्थन मिलता है। धार्मिक, पाखंड की सीवन खोलना अथवा तर्कसंगत तरीके से समस्या की पड़ताल करता वक्ता श्रोता को अपने बीच का आदमी लगता है। वक्ता की परीक्षा इसी में होती है कि वह नैतिक-अनैतिक के पचड़े में पड़े बिना द्वंद्व को वाक्-कौशल से उभार सकता है। मजा तभी है, जब यह मनोवैज्ञानिक सूझ-बूझ अंत तक चले।

भाषण अथवा संवाद के दौरान वक्ता की बौद्धिकता तभी परखी जा सकती है, जब वह अपनी बात को प्रभावी तरीके से श्रोता तक पहुँचा सके। अप्रिय, अनुचित या विषय से अलग हटकर कही जानेवाली बात से श्रोता का वक्ता से मोह भंग हो सकता है।

यहाँ एक घटना याद आती है। बात उन दिनों की है, जब भारत-ऑस्ट्रेलिया के बीच क्रिकेट मैच हो रहा था। भारतीय टीम ऑस्ट्रेलिया पर भारी पड़ रही थी। विराट कोहली शतक की ओर बढ़ रहे थे और कंगारू लाख कोशिशों के बावजूद उन्हें आउट नहीं कर पा रहे थे। मैच जितना संघर्षपूर्ण था उसके विपरीत रोमांच कथा, कमेंटरी बिलकुल फीकी और बदमजा थी। एक रोमांचक मैच की अधकचरी कमेंटरी को लेकर श्रोताओं ने कितना कोसा, उसकी मिसाल मिलना मुश्किल है। प्रश्न है कि ऐसा क्यों हुआ? क्रिकेट विशेषज्ञों का कहना था कि 'न तो कमेंटरी करनेवाले की भाषा पर पकड़ थी और न ही दृश्य के अनुरूप भावों की अभिव्यक्ति की गई थी। नतीजतन एक यादगार नजारा श्रोताओं की नजर से ओझल होकर रह गया।

मार्टिन लूथर का नाम प्रभावी वक्ताओं के रूप में लिया जाता है। उनका कहना था कि 'सामाजिकता की प्रक्रिया जन्म से ही मिलती है, इसलिए समयानुकूल भाव और उनकी अभिव्यक्ति तो पारिवारिक माहौल की देन होती है। ऐसे में संवाद को पुख्ता बनाने के लिए शब्द, भाव और

बोलचाल को असरदार बनाने के लिए मामूली जागरूकता की जरूरत होती है। यदि इतनी सी सावधानी भी बरती जाए तो भाषण में गजब की प्रखरता उत्पन्न हो सकती है। प्रसिद्ध दार्शनिक सुकरात का यह कथन इस संदर्भ में अत्यंत सारगर्भित है कि 'थोड़ा और सार-युक्त बोलना ही पांडित्य है।'

राजनीति का क्षेत्र ऐसा है, जिसमें धाराप्रवाह बोलने की अपेक्षा विषय पर केंद्रित रहते हुए किंचित् ठहरकर श्रोताओं के चेहरे के भावों को पढ़ते हुए बोलने के लिए वाक्-चातुर्य की जरूरत होती है। राजनीतिक सभाओं में भाषण के दौरान कई मुद्दे ऐसे होते हैं, जिनसे कोई अपरिचित नहीं होता। ऐसे में उनकी व्याख्या अथवा उन्हें अनावश्यक विस्तार देना श्रोता का जायका बदमजा करने जैसा है। इससे संवाद प्रक्रिया गड़बड़ा सकती है। सबसे बड़ी बात तो वक्ता का भाषण विषय के आस-पास बना रहे और पूरी तरह संतुलित रहे। कन्फ्यूशियस का कहना था कि 'शब्दों को नाप-तौलकर बोलने से ही वक्ता का सम्मान बढ़ता है।'

शैक्षिक क्षेत्र में यद्यपि धारा-प्रवाह बोलना यह मानते हुए वक्ता की अतिरिक्त योग्यता समझी जा सकती है कि उसकी अपने विषय पर कितनी जबरदस्त पकड़ है। यह बात तो प्रत्येक प्रोफेशनल्स पर समान रूप से लागू होती है, किंतु उसकी प्राथमिकता मुख्य मुद्दों को लेकर होनी चाहिए।

राजनीतिक मंच पर धारा-प्रवाह बोलने की अपेक्षा रुक-रुककर बोलना और बात को घुमा-फिराकर कहना ज्यादा कारगर सिद्ध होता है। वक्ता को इस बात को भली-भाँति ग्रहण कर लेना चाहिए कि उसे मुख्य विषय पर पकड़ रखते हुए अपने कथन को आगे बढ़ाते रहना है। इस दौरान तीन बातों का विशेष ध्यान रखना है। पहली–आवाज गहरी और असरदार हो, दूसरी–ऐसी भाषा जो अनपढ़ भी समझ लें तथा तीसरा–भाषण समाप्त होने तक मूल विषय फोकस में बना रहे।

विषय से जुड़ी जानकारियों को तर्कसंगत तरीके से कह देना ही निष्कर्ष की परिपूर्णता है। अर्थात् विषय-वस्तु के रूप में जो कहा जाए, उसकी समीक्षात्मक प्रस्तुति इस तरह की जानी चाहिए, ताकि विलंब से आए श्रोता भी यह जान सकें कि वक्ता ने इससे पहले सभा में क्या कहा? विषय-वस्तु की विवेचना के दौरान प्रायः ऐसा भी होता है कि कुछ बिंदु धाराप्रवाह भाषण में कह तो दिए जाते हैं, किंतु उन्हें विस्तार देना संभव नहीं हो पाता। ऐसी स्थिति में यदि उन्हें एक बार फिर से दोहराया जाए और तर्क

देकर कहा जाए तो श्रोता पर अच्छा प्रभाव पड़ता है। शैक्षिक क्षेत्र में इस तरह की समझाइश का ज्यादा महत्त्व है, ताकि छात्र जो समग्र लेक्चर नहीं सुन पाए हों, उन्हें विषय-वस्तु का सार-संक्षेप समझ में आ सके। भाषण के प्रवाह में कुछ ऐसे बिंदु भी छूट जाते हैं, जिनका उल्लेख किया जाना भाषण के निहितार्थ में जरूरी होता है। निष्कर्ष के दौरान इस बात को भली प्रकार कहने का अवसर मिल जाता है। यह स्थिति ऐसी है जैसा बच्चे को पढ़ाने के दौरान पाठ का पुनः दोहराव किया जाए।

पुराण कथाओं में कथा वाचक जब विभिन्न धार्मिक प्रसंगों की चर्चा करते हैं तो अंत में यह बताना नहीं भूलते कि प्रसंग की अंतःकथा क्या है? उदाहरण के लिए, सत्यनारायण की कथा में ऐसा प्रसंग आता है कि पिछले जन्म में राजा बननेवाला व्यक्ति अपने कर्मों के अनुसार अगले जन्म में क्या बना? निष्कर्ष को एक तरह के फलादेश की संज्ञा दी जा सकती है, अर्थात् भाषण सुनने के बाद श्रोता को क्या ज्ञान मिला?

राजनीतिक सभाओं की बात छोड़ दी जाए तो विभिन्न क्षेत्रों से जुड़े विषय विशेषज्ञों की सभाओं का आयोजन हो और सवाल-जवाब का सिलसिला न चले, ऐसा बिलकुल संभव नहीं है। वक्ता भी इस बात के लिए उत्सुक रहता है कि श्रोता ने उसकी बात को किस रूप में लिया? यदि ऐसा नहीं होता है तो इसे अधूरा आयोजन ही कहा जाएगा। किंतु प्रश्न-विहीन आयोजन की कल्पना आज के युग में तो मुश्किल ही कही जाएगी। प्रश्न पूछने का प्रयोजन श्रोता के लिए अपना संदेह दूर करना और अपनी जानकारी में अभिवृद्धि करना है। वक्ता का दायित्व है कि श्रोता के सामने उसके द्वारा जो कुछ कहा जा रहा है, प्रश्न पूछने की स्थिति में क्या समुचित उत्तर देने की क्षमता उसमें है? प्रश्नों का बुद्धिमत्तापूर्ण और सटीक उत्तर ही श्रोता की दृष्टि में वक्ता का कद बढ़ाता है। याद रखना चाहिए कि सूचनाओं और विचारों के आदान-प्रदान, रिश्तों की मजबूती तथा सही योजनाओं के बनाने में श्रेष्ठ सवालों की महत्त्वपूर्ण भूमिका होती है। आयोजन की सार्थकता भी इसी में है कि यहाँ किस स्तर के प्रश्नोत्तर हुए। पब्लिक मीटिंग, सेमीनार अथवा भेंट-वार्त्ता में कोई प्रश्नोत्तर का सिलसिला न बने तो इसका अच्छा संदेश नहीं जाता।

जैसा कि हमने पहले बताया, मार्टिन लूथर किंग बड़े सिद्ध वक्ता थे। आइए, उनकी शाब्दिक बाजीगरी को निम्नलिखित भाषण से आँकते हैं—

मेरा एक सपना है

मैं खुश हूँ कि मैं आज ऐसे मौके पर आपके साथ शामिल हूँ, जो इस देश के इतिहास में स्वतंत्रता के लिए किए गए सबसे बड़े प्रदर्शन के रूप में जाना जाएगा।

सौ साल पहले एक महान् अमेरिकी, जिनकी प्रतीकात्मक छाया तले हम सभी खड़े हैं, ने एक मुक्ति उद्घोषणा पर हस्ताक्षर किए थे। इस महत्त्वपूर्ण निर्णय ने अन्याय सह रहे लाखों गुलाम नीग्रो के मन में उम्मीद की एक किरण जगा दी। यह खुशी उनके लिए लंबे समय तक अंधकार की कैद में रहने के बाद दिन के उजाले में जाने के समान थी।

परंतु आज सौ वर्षों के बाद भी नीग्रो स्वतंत्र नहीं हैं। सौ साल बाद भी एक नीग्रो की जिंदगी अलगाव की हथकड़ी और भेदभाव की जंजीरों से जकड़ी हुई है। सौ साल बाद भी नीग्रो समृद्धि के विशाल समुद्र के बीच गरीबी के एक द्वीप पर रहते हैं। सौ साल बाद भी नीग्रो अमेरिकी समाज के कोनों में सड़ रहा है और अपने देश में ही खुद को निर्वासित पाता है। इसीलिए आज हम सभी यहाँ इस शर्मनाक स्थिति को दरशाने के लिए इकट्ठा हैं।

एक मायने में हम अपने देश की राजधानी में एक चेक कैश करने आए हैं। जब हमारे गणतंत्र के आर्किटेक्ट संविधान और स्वतंत्रता की घोषणा बड़े ही भव्य शब्दों में लिख रहे थे, तब दरअसल वे एक वचन-पत्र पर हस्ताक्षर कर रहे थे, जिसका हर एक अमेरिकी वारिस होने वाला था। यह पत्र एक वचन था कि सभी व्यक्ति, हाँ, सभी व्यक्ति चाहे काले हों या गोरे, सभी को जीवन, स्वाधीनता और अपनी प्रसन्नता के लिए अग्रसर रहने का अधिकार होगा।

आज यह स्पष्ट है कि अमेरिका अपने अश्वेत नागरिकों से यह वचन निभाने में चूक चुका है। इस पवित्र दायित्व का सम्मान करने के बजाय अमेरिका ने नीग्रो लोगों को एक अनुपयुक्त चेक दिया है, एक ऐसा चेक जिस पर 'अपर्याप्त कोष' लिखकर वापस कर दिया गया है। लेकिन हम यह मानने से इनकार करते हैं कि न्याय का बैंक कंगाल हो चुका है। हम यह मानने से इनकार करते हैं कि इस देश में अवसर की महान् तिजोरी में 'अपर्याप्त कोष' है। इसलिए हम इस चेक को कैश कराने आए हैं। एक ऐसा चेक, जो माँगे जाने पर हमें धनोपार्जन की आजादी और न्याय की

सुरक्षा देगा।

हम इस पवित्र स्थान पर इसलिए भी आए हैं कि हम अमेरिका को याद दिला सकें कि इसे तत्काल करने की सख्त आवश्यकता है। अब और शांत रहने या फिर खुद को दिलासा देने का वक्त नहीं है। अब लोकतंत्र के दिए वचन को निभाने का वक्त है। अब वक्त है अँधेरी और निर्जन घाटी से निकलकर नस्लीय न्याय के प्रकाशित मार्ग पर चलने का। अब वक्त है अपने देश को नस्लीय अन्याय के दलदल से निकालकर भाईचारे की ठोस चट्टान खड़ी करने का। अब वक्त है नस्लीय न्याय को प्रभु की सभी संतानों के लिए वास्तविक बनाने का।

इस बात की तत्काल अनदेखी करना राष्ट्र के लिए घातक सिद्ध होगा। नीग्रोज के वैध असंतोष की गरमी तब तक खत्म नहीं होगी, जब तक स्वतंत्रता और समानता की ऋतु नहीं आ जाती। वर्ष 1963 एक अंत नहीं बल्कि एक आरंभ है। जो यह आशा रखते हैं कि नीग्रो अपना क्रोध दिखाने के बाद फिर शांत हो जाएँगे, देश फिर पुराने ढर्रे पर चलने लगेगा मानो कुछ हुआ ही नहीं, उन्हें एक असभ्य जागृति का सामना करना पड़ेगा। अमेरिका में तब तक सुख-शांति नहीं होगी, जब तक नीग्रोज को नागरिकता का अधिकार नहीं मिल जाता। विद्रोह का बवंडर तब तक हमारे देश की नींव हिलाता रहेगा, जब तक न्याय की सुबह नहीं हो जाती।

लेकिन मैं अपने लोगों, जो न्याय के महल की दहलीज पर खड़े हैं, से जरूर कुछ कहना चाहूँगा, अपना उचित स्थान पाने की प्रक्रिया में हमें कोई गलत काम करने का दोषी नहीं बनना है। हमें अपनी आजादी की प्यास घृणा और कड़वाहट का प्याला पीकर नहीं बुझानी है।

हमें हमेशा अपना संघर्ष अनुशासन और सम्मान के दायरे में रहकर करना होगा। हमें कभी भी अपने रचनात्मक विरोध को शारीरिक हिंसा में नहीं बदलना है। हमें बार-बार खुद को उस स्तर तक ले जाना है, जहाँ हम शारीरिक बल का सामना आत्मबल से कर सकें। आज नीग्रो समुदाय एक अजीब आतंकवाद से घिरा हुआ है। हमें ऐसा कुछ नहीं करना है कि सभी श्वेत लोग हम पर अविश्वास करने लगें; क्योंकि हमारे कई श्वेत बंधु इस बात को जान चुके हैं कि उनका भाग्य हमारे भाग्य से जुड़ा हुआ है और ऐसा आज उनकी यहाँ पर उपस्थिति से प्रमाणित होता है। वे इस बात को जान चुके हैं कि उनकी स्वतंत्रता हमारी स्वतंत्रता से जुड़ी हुई है। हम

अकेले नहीं चल सकते।

हम जैसे-जैसे चलें, इस बात का प्रण करें कि हम हमेशा आगे बढ़ते रहेंगे। हम कभी वापस नहीं मुड़ सकते। कुछ ऐसे लोग भी हैं, जो हम नागरिक अधिकारों के भक्तों से पूछ रहे हैं कि 'आखिर हम कब संतुष्ट होंगे?'

हम तब तक संतुष्ट नहीं होंगे, जब तक एक नीग्रो पुलिस की अनकही भयावहता और बर्बरता का शिकार होता रहेगा। हम तब तक नहीं संतुष्ट होंगे, जब तक यात्रा से थके हुए हमारे शरीर राजमार्गों के ढाबों और शहर के होटलों में विश्राम नहीं कर सकते। हम तब तक नहीं संतुष्ट होंगे, जब तक एक नीग्रो छोटी सी बस्ती से निकलकर एक बड़ी बस्ती में नहीं चला जाता। हम तब तक संतुष्ट नहीं होंगे, जब तक हमारे बच्चों से उनकी पहचान छीनी जाती रहेगी और उनकी गरिमा को 'केवल गोरों के लिए' संकेत लगाकर लूटा जाता रहेगा। हम तब तक संतुष्ट नहीं होंगे जब तक मिसीसिपी में रहनेवाला नीग्रो मतदान नहीं कर सकता और जब तक न्यूयॉर्क में रहनेवाला नीग्रो यह यकीन नहीं करने लगता कि अब उसके पास चुनाव करने के लिए कुछ है ही नहीं। नहीं-नहीं, हम संतुष्ट नहीं हैं और हम तब तक संतुष्ट नहीं होंगे जब तक न्याय जल की तरह और धर्म एक तेज धारा की तरह प्रवाहित नहीं होने लगते।

मैं इस बात से अनभिज्ञ नहीं हूँ कि आप में से कुछ लोग बहुत सारे कष्ट सहकर यहाँ आए हैं। आप में से कुछ तो अभी-अभी जेल से निकलकर आए हैं। कुछ लोग ऐसी जगहों से आए हैं, जहाँ स्वतंत्रता की खोज में उन्हें अत्याचार के थपेड़ों और पुलिस की बर्बरता से पस्त होना पड़ा है। आपको सही ढंग से कष्ट सहने का अनुभव है। इस विश्वास के साथ कि आपकी पीड़ा का फल अवश्य मिलेगा, आप अपना काम जारी रखिए।

मिसीसिपी वापस जाइए, अलबामा वापस जाइए, साउथ कैरोलिना वापस जाइए, जॉर्जिया वापस जाइए, लूसि ाना वापस जाइए, उत्तरीय शहरों की झोंपड़ियों व बस्तियों में वापस जाइए, ये जानते हुए कि किसी-न-किसी तरह यह स्थिति बदल सकती है और बदलेगी, आप अपने स्थानों पर वापस जाइए। अब हमें निराशा की घाटी में वापस नहीं जाना है।

मित्रो, मैं आज आपसे यह कहता हूँ, भले ही हम आज-कल कठिनाइयों का सामना कर रहे हैं, पर फिर भी मेरा एक सपना है, एक ऐसा

सपना जिसकी जड़ें अमेरिकी सपने में निहित हैं।

मेरा एक सपना है कि एक दिन यह देश ऊपर उठेगा और सही मायने में अपने सिद्धांतों को जी पाएगा। हम इस सत्य को प्रत्यक्ष मानते हैं कि सभी इनसान बराबर पैदा हुए हैं।

मेरा एक सपना है कि एक दिन जॉर्जिया के लाल पूर्व गुलामों के पुत्र और पूर्व गुलाम मालिकों के पुत्र भाईचारे की मेज पर एक साथ बैठ सकेंगे।

मेरा एक सपना है कि एक दिन मिसीसिपी राज्य भी, जहाँ अन्याय और अत्याचार की तपिश है, एक आजादी और न्याय के नखलिस्तान में बदल जाएगा। मेरा एक सपना है कि एक दिन मेरे चारों छोटे बच्चे एक ऐसे देश में रहेंगे, जहाँ उनका मूल्यांकन उनकी चमड़ी के रंग से नहीं बल्कि उनके चरित्र की ताकत से किया जाएगा।

मेरा एक सपना है कि एक दिन अलबामा में, जहाँ भ्रष्ट जातिवाद है, जहाँ राज्यपाल के मुख से बस बीच-बचाव और संघीय कानून को न मानने के शब्द निकलते हैं, एक दिन उसी अलबामा में छोटे-छोटे अश्वेत लड़के व लड़कियाँ छोटे-छोटे श्वेत लड़के व लड़कियों के हाथ भाई-बहन के समान थाम सकेंगे। मेरा एक सपना है कि एक दिन हरेक घाटी ऊँची हो जाएगी, हरेक पहाड़ नीचे हो जाएगा, बेढंगे स्थान सपाट हो जाएँगे और टेढ़े-मढ़े रास्ते सीधे हो जाएँगे और तब ईश्वर की महिमा दिखाई देगी और सभी मनुष्य उसे एक साथ देखेंगे।

यही हमारी आशा है। इसी विश्वास के साथ मैं दक्षिण वापस जाऊँगा। इसी विश्वास से हम निराशा के पर्वत को आशा के पत्थर से काट पाएँगे। इसी विश्वास से हम कलह के कोलाहल को भाईचारे के मधुर स्वर में बदल पाएँगे। इसी विश्वास से हम एक साथ काम कर पाएँगे, पूजा कर पाएँगे, संघर्ष कर पाएँगे, साथ जेल जा पाएँगे और यह जानते हुए कि हम एक दिन मुक्त हो जाएँगे, हम स्वतंत्रता के लिए साथ-साथ खड़े हो पाएँगे। यह एक ऐसा दिन होगा, जब प्रभु की सभी संतानें एक नए अर्थ के साथ गा सकेंगी–

यदि अमेरिका को एक महान् देश बनना है, इसे सत्य होना ही होगा। इसलिए न्यू हैंपशायर के विलक्षण टीलों से आजादी की गूँज होने दीजिए। न्यूयॉर्क के विशाल पर्वतों से आजादी की गूँज होने दीजिए। पेंसिल्वेनिया के पहाड़ों से आजादी की गूँज होने दीजिए। बर्फ से ढकी कोलाराडो की

चट्टानों से आजादी की गूँज होने दीजिए। कैलिफोर्निया की घुमावदार ढलानों से आजादी की गूँज होने दीजिए।

हर एक पर्वत से आजादी की गूँज होने दीजिए।

और ऐसा तब होगा, जब हम आजादी की गूँज होने देंगे, जब हरेक गाँव और कस्बे से, हरेक राज्य और शहर से आजादी की गूँज होने लगेगी तब हम उस दिन को और जल्द ला सकेंगे जब ईश्वर की सभी संतानें, श्वेत या अश्वेत, यहूदी या किसी अन्य जाति की, प्रोटेस्टेंट या कैथोलिक, सभी हाथ में हाथ डालकर नीग्रोज का आध्यात्मिक गाना गा सकेंगे।

(मार्टिन लूथर किंग जूनियर, प्रख्यात अमेरिकी अश्वेत नेता)

□

3

अच्छा वक्ता : अच्छा श्रोता

एक अच्छा श्रोता होना सफल आयोजन की मुख्य धुरी होता है। आयोजन चाहे राजनीतिक सभा हो, सामाजिक समारोह, शैक्षिक अथवा संत समागम हो, संवाद के मामले में ध्यान से नहीं सुनना सबसे बड़ी कमजोरी है। अकसर बड़े लोगों द्वारा सीख दी जाती है कि अपना काम ध्यान से करो, ध्यान से सुनो, ध्यान से देखो आदि। कई बार ऐसा होता है कि सभागृह में उपस्थित होने के बावजूद परिस्थितिजन्य कारणों से श्रोता का ध्यान भटक जाता है। यह सर्वथा अनुचित है। यह आधा ज्ञान अर्थ का अनर्थ करवा सकता है। यदि आप मानसिक रूप से तनावग्रस्त हों अथवा अन्य किसी दबाव के कारण मन एकाग्र नहीं हो पा रहा हो तो उचित होगा कि आयोजन में शिरकत करने की अपेक्षा उससे दूर रहें। जब कोई मीडियामैन किसी सेलिब्रिटी का साक्षात्कार लेने जाता है और उस दौरान यदि मन भटक जाता है तो रिपोर्टर कैसी भी स्थिति में समाचार लिखने के प्रति न्याय नहीं कर सकता। राजनीतिक सभाओं में, विशेषकर उन स्थितियों में जब ख्यातिप्राप्त राजनेता भाषण दे रहा हो तो श्रोताओं का दत्तचित्त होकर सुनना स्वाभाविक लगता है।

छात्रों के लिए तो एक प्रचलित कहावत है कि उसे 'काग दृष्टि, बको ध्यानम्'' का अनुगमन करना चाहिए अर्थात् उसमें कौए सरीखी दृष्टि और सारस सरीखी एकाग्रता होनी चाहिए। केवल भाषण ही नहीं अपितु कमेंट्री, समाचार और लेक्चर सुनने के दौरान यदि ध्यान भटक जाता है तो अनर्थ होते देर नहीं लगती। अलग-अलग संदर्भों में श्रोता का लक्ष्य अलग-अलग होना चाहिए।

जनसभाओं में राजनेता का मंतव्य केवल अपने प्रतिद्वंद्वी को कोसना ही नहीं होता, संभवतः उसके द्वारा राष्ट्रीय परिप्रेक्ष्य में कुछ ऐसा भी कहा जा रहा

हो, जो श्रोता के ज्ञानार्जन के लिए अच्छा साबित हो सकता है। राजनीतिक सभाओं में बुद्धिजीवी श्रोता अकसर अपने समाधान के लिए प्रश्न भी करते हैं। किंतु यदि मूल भाषण को ठीक से नहीं सुना गया हो तो प्रश्न का औचित्य ही क्या रह जाएगा? ऐसा श्रोता पूरी सभा के सामने परिहास का पात्र बन जाएगा। श्रोता को किसी भी अवसर पर बात का पूरी तरह सुनना नितांत आवश्यक है। आधी-अधूरी बात घातक हो सकती है। शैक्षिक क्षेत्र में तो श्रोता के लिए पूरी तरह एकाग्रता अत्यंत आवश्यक है। यदि छात्र अपने लेक्चरर को ध्यान से सुनने में कोताही बरतेगा तो तैयारी प्रतिकूल रूप से प्रभावित होगी। नोट्स का सटीक होना तो इसी बात पर निर्भर होता है कि जो उसने सुना, उसे अपना अभ्यास उसी आधार पर करना है। पेशेवर बातचीत में तो बोलने से कहीं ज्यादा सुनने की अहमियत होती है। सुनने की प्रक्रिया में श्रोता को भाषा का भले ही प्रकांड ज्ञान न हो, किंतु इतनी समझ तो उसमें होनी चाहिए कि वह वक्ता के दोषपूर्ण उच्चारण से दिग्भ्रमित न हों।

एक राज्य के मुख्यमंत्री 'स' को 'श' बोलने के लिए प्रसिद्ध हैं, लेकिन श्रोता इस दोषपूर्ण उच्चारण की तरफ ध्यान देने की अपेक्षा उसका सही भाव समझ लेते हैं। उच्चारण की विसंगतियाँ अंग्रेजी भाषा में अधिक पाई जाती हैं। अंग्रेजी का भारतीय उच्चारण समझने में ज्यादा सहज है; जबकि अंग्रेजी भाषी लोगों की बात को भली प्रकार समझने के लिए उसके 'फ्लो' और 'टोन' की तरफ ध्यान देना ज्यादा जरूरी है। संवाद की प्रक्रिया में लिखने, बोलने और पढ़ने के अलावा सुनने की विधा को ज्यादा विकसित करने की आवश्यकता होती है। अकसर सुना जाता है कि 'फलाँ को मैंने ऐसा कहा था, किंतु सुनने में उसे कोई गलतफहमी हो गई।' लेकिन याद रखना चाहिए कि सुनने की प्रक्रिया में मानसिक भटकन कभी-कभी बुरे-से-बुरे हालात पैदा कर देती है। खासकर इससे पारिवारिक और प्रोफेशनल जिंदगी तो बुरी तरह प्रभावित होती है।

आध्यात्मिक आयोजनों, खासकर संत कथाओं के दौरान तो श्रोताओं का दत्तचित्त होकर सुनना बहुत सुंदर लगता है। इस देश में अध्यात्म और धार्मिक प्रसंग सबसे ज्यादा प्रभावित करते हैं। जितनी श्रद्धा और एकाग्रता के साथ श्रोता पुराण कथा प्रसंगों को सुनते हैं, संभवतः किसी और को नहीं। इसलिए समाज-शास्त्रियों का यह कथन गलत नहीं है कि 'एक अच्छा श्रोता वही है, जो जिस किसी आयोजन में भी शिरकत करे, उसे एक निष्ठावान भक्त की तरह वक्ता को सुनना चाहिए।'

कभी-कभी ऐसा भी होता है कि किसी वक्ता का कोई सारगर्भित कथन श्रोता का संपूर्ण जीवन ही बदल देता है अथवा उसकी कही गई किसी बात में उसे अपनी समस्या का समाधान मिल जाता है।

अपने कथन पर श्रोताओं से तालियाँ बजवा लेना वक्ता की सबसे बड़ी सफलता होती है। यह तभी संभव है, जब ऐसे भाव-प्रवण प्रसंग छेड़े जाएँ, जो लोगों को सीधे तौर पर प्रभावित करते हों। श्रोता इसी से वक्ता से जुड़ते हैं। भाजपा के राष्ट्रीय प्रवक्ता राजीव प्रताप रूड़ी एक अच्छे वक्ता माने जाते हैं। आज जबकि राजनीति में जबरदस्त गिरावट आई है और चेहरा, चाल व चरित्र की दृष्टि से राजनेता कठघरे में खड़े हैं, उन्होंने यह कहकर लोगों की सहानुभूति जीत ली कि 'राजनेता के रूप में उन्हें खुद पर ग्लानि महसूस होती है।'

राष्ट्रीय चिंतन के ताजा मामलों से श्रोताओं को प्रभावित करना वक्ता की बेहतरीन उपलब्धि कही जा सकती है। ऐसे ही एक आयोजन में जब राजीव प्रताप रूड़ी ने अन्ना का जिक्र करते हुए कहा कि 'अन्ना आंदोलन के बाद नौजवानों को लगता है कि भ्रष्टाचार ने उनका हिस्सा छीन लिया है', तो श्रोताओं ने जोरदार तालियों से उनका स्वागत किया। जाहिर है कि सामयिक संदर्भों की सामयिक व प्रभावी चर्चा उन्हें अच्छे वक्ता के रूप में प्रतिष्ठित कर गई और श्रोताओं ने उन्हें पूरी निष्ठा के साथ सुना। मंच पर अविचलित रहने में मुख्य भूमिका मनोविज्ञान की होती है। वक्ता अगर मनोवैज्ञानिक रूप से आत्मविश्वास से परिपूर्ण है तो कैसी भी स्थितियों में श्रोता उसे सुने बिना नहीं रहेगा।

अच्छे वक्ता के रूप में श्री अटल बिहारी वाजपेयी का एक चर्चित भाषण पढ़ना समीचीन होगा, यथा–

'हम चुनौती स्वीकार करते हैं'

नन्हा दीप बुझ गया, हमें अपना जीवन-दीप जलाकर अंधकार से लड़ना होगा। सूरज छिप गया, हमें तारों की छाँव में अपना मार्ग ढूँढ़ना होगा।

हमारा मित्र, सखा, नेता और मार्गदर्शक चला गया। हमें उनकी पवित्र स्मृति को हृदय में सँजोकर ध्येय-पथ पर आगे बढ़ना होगा।

पंडितजी का जीवन एक समर्पित जीवन था। शरीर का कण-कण और जीवन का क्षण-क्षण उन्होंने राष्ट्रदेव के चरणों में चढ़ा दिया था। संपूर्ण देश

उनका घर था, सारा समाज उनका परिवार। उनकी आँखों में एक ही सपना था, उनके जीवन का एक ही व्रत था।

राजनीति उनके लिए साधन थी, साध्य नहीं। यह मार्ग था, मंजिल नहीं। वे राजनीति का आध्यात्मीकरण चाहते थे। वे भारत के उज्ज्वल अतीत से प्रेरणा लेते थे तथा उज्ज्वलतर भविष्य का निर्माण करना चाहते थे। उनकी आस्थाएँ सदियों पुराने अक्षय राष्ट्र-जीवन की जड़ों से रस ग्रहण करती थीं; किंतु वे रूढ़िवादी नहीं थे। भविष्य के निर्माण के लिए वे भारत को समृद्धिशील आधुनिक राष्ट्र बनाने की कल्पना लेकर चले थे।

वे महान् चिंतक थे। चिंतन के क्षेत्र में वे बँधे-बँधाए रास्ते से चलने के हामी नहीं थे। इसलिए उन्होंने भारतीय जन संघ को ऐसा विकसित किया, जो अतीत की गौरव-गरिमा को लेकर चलता है और जो आनेवाले कल की चुनौती का सामना करने के लिए भी सन्नद्ध है। आज जन संघ जो कुछ है, वह सब उन्हीं की देन है।

उन्हें कभी किसी पद ने मोहित नहीं किया। वे संसद् के सदस्य नहीं थे, लेकिन संसद् सदस्यों के निर्माता थे। उन्होंने कभी पद नहीं चाहा। बड़ी मुश्किल से उन्हें अध्यक्ष पद का भार सँभालने के लिए तैयार किया गया था। उन्होंने प्रेरणा दी कि चलो विंध्याचल के पार कन्याकुमारी पर, जहाँ भारत माता के चरणों को सिंधु धो रहा है; भारत की एकता का जागरण मंत्र फूँकें।

उनके नेतृत्व में हमने भारत की एकात्मकता को गुँजाने का संकल्प किया। कालीकट अधिवेशन हुआ। हम वहाँ गए। उनकी अध्यक्षता से अधिवेशन सफल हुआ। लोगों ने कहा कि जन संघ ने कार्य-सिद्धि का ऐतिहासिक दृश्य उपस्थित किया। जनता की आँखें आशा और विश्वास के साथ उन पर जा लगी थीं। देश-विदेश के लोगों ने कहा कि कालीकट में जन संघ ने नया रूप धारण किया है; परंतु जन संघ ने नया रूप नहीं धारण किया, देखनेवालों की आँखों में बदलाव आया था। उन्हीं आँखों में कुछ आँखें ऐसी थीं जिनमें पाप था, जलन थी, जिनमें हिंसा की चिनगारी सुलग रही थी। उन आँखों को यह दृश्य चुभा और उन्होंने आज पं. दीनदयालजी को हमसे विलग कर दिया। किन परिस्थितियों में उनकी मृत्यु हुई, कोई विश्वासपूर्वक नहीं कह सकता। जाँच हो रही है; किंतु जिसके इशारे पर लाखों लोग जान देने के लिए तैयार थे, सन्नद्ध थे, उसे रात के अँधेरे में अपने अनुयायियों से दूर, देशवासियों से पृथक् मौत की गोद में ढकेल दिया। यह घाव सदा हरा रहेगा। यह काँटा हमारे हृदय में

सदैव कसकता रहेगा।

पंडितजी जिस कार्य के लिए जनमे, जिए और जूझे, उसी के लिए हौतात्म्य (शहादत) स्वीकार कर उन्होंने अपना जीवन-व्रत पूर्ण कर लिया। परंतु उनका स्वप्न अभी अधूरा है, उनका कार्य अभी अपूर्ण है। उनके जीवन पर किया गया आक्रमण राष्ट्रीयता पर आक्रमण है। उनके शरीर पर लगी हुई चोटें लोकतंत्र पर किए गए प्रहार हैं। हम राष्ट्र-विरोधियों और लोकतंत्र के शत्रुओं की इस चुनौती को स्वीकार करते हैं।

उपाध्यायजी को हमसे छीनकर जो लोग यह समझते हैं कि जन संघ की प्रगति को रुद्ध कर देंगे, वे न ही उपाध्यायजी को पहचान पाए और न वे यही जानते हैं कि हम उनके अनुयायी किस मिट्टी के बने हैं।

उपाध्यायजी का कार्य व्यक्तिनिष्ठ नहीं, तत्त्वनिष्ठ था। उन्होंने सदैव आदर्शों पर बल दिया और सिद्धांतों के लिए जीना सिखाया। उनके वियोग में व्यथित होकर न हम अपने होश-हवास गुम होने देंगे और न उनके देहावसान के दारुण दुःख से उत्पन्न अकर्मण्यता को ही अपने ऊपर हावी होने देंगे। हमें स्वयं को पंडितजी का योग्य उत्तराधिकारी सिद्ध करना है। हमें उनके ऋण को चुकाना है।

आइए, पंडितजी के रक्त की एक-एक बूँद को माथे का चंदन लगाकर ध्येय-पथ पर अग्रसर हों। उस चिता से निकली हुई एक-एक चिनगारी हृदय में धारण कर परिश्रम की पराकाष्ठा और प्रयत्नों की परिसीमा करें। इस नव दधीच की अस्थियों का वज्र बनाकर आधुनिक वृत्रासुरों पर टूट पड़ें और इस पवित्र भूमि को निष्कंटक बनाएँ।

पंडितजी अब नहीं रहे, किंतु उनका कार्य अभी शेष है। उनके द्वारा निर्दिष्ट लिये स्वयं को समर्पित कर हम उनके प्रति सच्ची श्रद्धांजलि अर्पित कर सकते हैं।"

(अटल बिहारी वाजपेयी, पं. दीनदयाल उपाध्याय के निधन पर श्रद्धांजलि-स्वरूप)

□

4

भाषण की विषय-वस्तु

भाषण-कला का महत्त्वपूर्ण अंग है विषय की प्रस्तुति। वक्ता के लिए यह जानना नितांत आवश्यक है कि उसे जहाँ भाषण देना है अथवा अपने विचार प्रकट करना है, उसकी प्रासंगिकता क्या है? क्या वह किसी विभूति की जन्मशती है, सम्मान समारोह, समुदाय के पुरोधा का अभिनंदन अथवा पुस्तक विमोचन समारोह? निस्संदेह कोई भी वक्ता यह तो चाहेगा कि वह आयोजन के दौरान मौजूद विशिष्ट जन की तुलना में कमतर नजर नहीं आए। ऐसे में विषय की पर्याप्त तैयारी अत्यंत महत्त्वपूर्ण है। कई बार ऐसा होता है कि एक आयोजन में ज्यादा वक्ता होते हैं। ऐसी स्थिति में संभव है कि जो वक्ता कहना चाहता है, उससे पहले उसके पूर्ववर्ती उसे कह चुके हों। इसलिए आवश्यक है कि तैयारी के दौरान वैकल्पिक नोट्स तैयार करके रखे जाएँ और समयानुसार उनका उपयोग कर लिया जाए। पूर्ववर्ती वक्ताओं के उद्धरण को यदि विस्तार दे दिया जाए तो निश्चित रूप से यह विशिष्ट उपलब्धि कहलाएगी।

गुणी वक्ता की बात करें तो अपने सूत्रों से उसे पता लगा लेना चाहिए कि आयोजन में श्रोता किस स्तर के हैं। इस बात को दृष्टिगत रखते हुए ही उनकी जिज्ञासा और ज्ञानार्जन के मुताबिक भाषण तैयार किया जाए। प्रस्तुति का अर्थ है–'अपने विचारों, सूचनाओं और तथ्यों को श्रोताओं के सामने सिलसिलेवार पेश करना।' इतना ही नहीं, अपितु विषय की विराटता को समझ में आनेवाले किंतु कम शब्दों में कह पाना भी प्रस्तुति का श्रेष्ठतम स्वरूप है। अच्छी प्रस्तुति वह होती है, जिसके माध्यम से लोगों का अपेक्षित ज्ञानार्जन हो सके।

संवाद या संभाषण का कोई निश्चित आकार नहीं होता। बातों को कम शब्दों में भी अभिव्यक्त किया जा सकता है; लेकिन प्रश्न है कि बात श्रोता को समझ में आनी चाहिए। संभाषण को चाहे जितना विस्तार दे दिया जाए, लेकिन

इससे मनोरथ सिद्ध न हो तो क्या लाभ? प्रस्तुति श्रोता के ज्ञान में अभिवृद्धि करती है, जो प्रतिक्रियात्मक रूप से श्रोता के पास पहुँचना चाहिए। श्रेष्ठतम प्रस्तुति को यदि परिभाषित करना हो तो इस प्रकार कहा जाना चाहिए कि 'उसमें विषय से संबद्ध सभी अहम तथ्य शामिल हैं और अर्थवत्ता की गहराई भी है।' प्रस्तुति तभी प्रभावोत्पादक होती है, जब जिस भी विषय पर बोला जाए, सिलसिलेवार होना चाहिए, क्योंकि आज वह समय नहीं रहा कि श्रोता अपना समय गँवाने के लिए आएँ अथवा असंदर्भित बातें सुनकर दिग्भ्रमित होकर जाएँ। सफलतम प्रस्तुति को व्यक्त करने की बात की जाए तो कहना होगा कि इसके लिए दो खास बातों पर ध्यान देना होगा। पहली–प्रस्तोता की इसके लिए क्या तैयारी है, दूसरी–वक्ता को श्रोता के सामने इसे कैसे प्रस्तुत करना है।

चाक-चौबंद संवर्गयुक्त और प्रखर प्रस्तुति से कहीं ज्यादा महत्त्वपूर्ण बात होती है उसका स्टाइल। इस मायने में मौजूदा राजनेताओं में गुजरात के मुख्यमंत्री नरेंद्र मोदी का नाम लिया जा सकता है। अनेक बार ऐसा होता है कि जिस विषय पर बोलने के लिए वक्ता को आमंत्रित किया गया है, उसका एकांश भी उसकी समझ से बाहर होता है। तब पहले विषय के बुनियादी पहलुओं को समझना चाहिए, फिर उसका तथ्यात्मक अध्ययन करना चाहिए और हर उस बिंदु के नोट्स तैयार करने चाहिए, ताकि तथ्यों को भली प्रकार जेहन में रखा जा सके। विद्वानों की मानें तो वक्ता का आत्मविश्वास तभी बनता है, जब उसे विषय का संपूर्ण ज्ञान हो जाता है। सबसे बड़ी बात तो यह है कि क्रिया-प्रतिक्रिया का उसे पूरी तरह भान हो। सबसे बड़ी बात तो यह है कि विषय से संबंधित सूचनाओं, तथ्यों और प्रतिप्रश्नों को भली प्रकार समझ लेना चाहिए। साथ ही संभावित प्रश्नों का भी मनन कर लेना चाहिए, ताकि विभ्रम की स्थिति उत्पन्न न हो। याद रखना चाहिए कि प्रत्येक अवसर पर वक्ता को ज्ञानार्जन की आकुलता लिये श्रोताओं की जिज्ञासा का शमन करना होता है।

□

5

भाषा पर अधिकार

भाषण की सार्थकता श्रोताओं को सम्मोहित कर देने में है। भाषण वास्तव में कला नहीं बल्कि एक प्रकार का कौशल है, जो भाषा में प्रसंगों के अनुरूप अंतःकथाओं के समावेश तथा शेर, मुहावरों और छंदों को गढ़ने से निखरता है। प्रभावी भाषण के तत्त्वों में मुख्य है भाषायी प्रवीणता, विषय-वस्तु की समझ, आत्मविश्वास, प्रवाह बनाए रखने की क्षमता, तथ्यों का ज्ञान, असंगत बातों से बचने का कौशल, कथन की स्पष्टता तथा वाणी का संतुलन। भाषण के शिल्पियों में मुख्य रूप से प्रवचन देनेवाले संत, कथा सुनानेवाले महात्मा तथा राजनेता गिने जाते हैं। आज शिक्षा के क्षेत्र में कोचिंग साम्राज्य की विराटता ने प्राध्यापकों को भी इस शिल्प में शामिल कर लिया है। किंतु इन सभी बातों में सर्वोपरि है भीड़ का मनोविज्ञान समझने की महारत तथा श्रोताओं के प्रश्नों का युक्तिसंगत समाधान। भाषा के विविध रूपों में हास्य-व्यंग्य की सृष्टि से भी वक्ता और श्रोता में अटूट जुड़ाव उत्पन्न होता है। राजनेताओं में अटल बिहारी वाजपेयी ही ऐसे व्यक्ति थे, जो अपने भाषायी कौशल से श्रोताओं को मंत्रमुग्ध कर देते थे। उनकी भाषा में आक्रामकता भी थी, किंतु असहनीय नहीं थी। चुटीलापन भी था, लेकिन किसी को चोटिल करनेवाली बात नहीं थी। अनेक अवसरों पर उनके भाषणों में काव्य के अद्‌भुत रंग तो श्रोताओं को बरबस बाँध लेते थे। अपने भाषण को सरस बनाने के लिए उन्होंने अनेक अवसरों पर कथा तत्त्वों का भी प्रयोग किया। उन्होंने एक नया सिद्धांत भी प्रतिपादित किया कि भाषण को प्रभावी बनाने से पहले पात्रों का चित्रण, अनुकूल वातावरण रचने और भाषा की छवि उकेरने का प्रयास किया जाना चाहिए। भाषाविदों की मानें तो वक्ता को विषय के संसार में डूबकर निकलनेवाला कुशल गोताखोर होना चाहिए।

भाषायी प्रवीणता का अर्थ यह नहीं कि भाषण के दौरान विद्वत्ता के झंडे गाड़े जाएँ। अपनी बौद्धिक प्रकांडता दरशाने के लिए ऐसे शब्दों का इस्तेमाल नहीं किया जाना चाहिए, जो श्रोताओं के सिर पर से गुजर जाए और बोरियत का भाव दरशाकर श्रोता वहाँ से खिसकने की जुगत करने लगें। अकसर देखा जाता है कि राजनेता श्रोताओं का मन जीतने के लिए क्षेत्र विशेष की भाषा में उनका अभिवादन करने के बाद ही अपना भाषण शुरू करते हैं। इस तरह की राजनीतिक दूरंदेशी के पीछे यह जताने का प्रभावी प्रयास होता है कि 'मुझे आप अपने ही बीच का व्यक्ति समझें।' लोगों से निकटता बढ़ाने के लिए जहाँ तक संभव हो, लोकभाषा के प्रचलित शब्दों का भी इस्तेमाल किया जाना चाहिए। भाषण के दौरान लोक क्रियाएँ और लोक मुहावरों का इस्तेमाल भी लोगों से निकटता बढ़ाता है। जीवन की सच्चाइयाँ उजागर करने के लिए भाषा और लय के अनेक प्रयोग मिलते हैं, जिनका समुचित उपयोग किया जा सकता है। भाषण के दौरान भाषा के प्रचलित शब्दों और लोकोक्तियों का यथासंभव उपयोग किया जाना चाहिए। कभी-कभी तो एक वाक्य ही बहुत कुछ कह जाता है। फिल्म 'फुटपाथ' में दिलीप कुमार ने एक संवाद इतने दर्द के साथ कहा था कि लोग जड़वत् रह गए थे। उस संवाद का आशय था कि 'उन्हें अपनी साँसों में सैकड़ों लाशों की सड़ाँध महसूस हो रही है।'

भाषाविदों का मानना है कि 'व्यक्तित्व का ताप और रूह की आवाज ही वक्ता को जनप्रिय बनाती है।'

भाषा के मामले में यह कोई अनिवार्यता नहीं कि सिर्फ हिंदी अथवा लोकभाषा ही बोली जाए। खिचड़ी होती भाषा तो पहले भी थी, किंतु तब उसमें उर्दू का बघार होता था। उर्दू चूँकि अदब से जुड़ी हुई भाषा है, इसलिए बोलचाल महकती-सी लगती थी। अब अंग्रेजी का घालमेल लोगों की जीवन-शैली में रच-बस गया है। यह कहना ज्यादा तर्कसंगत होगा कि अंग्रेजी रोजमर्रा की जिंदगी में शामिल हो गई है। आज जबकि वाक्पटुता ही स्मार्टनेस की परिभाषा बन गई है तो किसी भी भाषा का शब्दकोशीय ज्ञान निरंतर समृद्ध करते रहना आवश्यक है; विशेषकर व्यावसायिक निपुणता के लिए तो यह बेहद जरूरी भी है। किंतु यह तभी संभव है, जब इसके अभ्यास की भी निरंतरता बनाए रखी जाए। अंग्रेजी ऐसी भाषा है, जिसके उपयोग में सतर्कता नितांत आवश्यक है, अन्यथा अर्थ का अनर्थ होने में देर नहीं लगती। अंग्रेजी भाषा का उपयोग करते समय इस बात का सदैव ध्यान रखा जाना चाहिए कि

यथा संभव सहज और आसान शब्दों का इस्तेमाल किया जाए।

व्यक्तित्व विकास के लिए भी भाषायी प्रवीणता पहली जरूरत है। आज कॉरपोरेट युग में तो अपने आपको सिद्ध करने के लिए भाषायी संतुलन, बात कहने का अंदाज तथा ताजा मसलों के प्रति सज्ञानता बेहद जरूरी है। बात व्यवसाय की हो अथवा राजनीति की, शब्दों की बाजीगरी इसी बात में निहित है कि हमें इस बात का भरपूर ज्ञान होना चाहिए कि जो हम कह रहे हैं, वह कहाँ तक सही है। क्या लोग जो कहा जा रहा है, उसे भली-भाँति समझ रहे हैं? यह तभी संभव है, जब हमारा शब्दकोशीय ज्ञान पूरी तरह समृद्ध हो। विश्वसनीय और धारा-प्रवाह भाषण के लिए पहली आवश्यकता है विषय की पर्याप्त समझ और संवाद की स्पष्टता। एक प्राध्यापक चाहे कितना भी विद्वान् क्यों न हो, किंतु यदि उसकी बात को छात्र समझ न पाएँ तो उसकी बौद्धिकता किस काम की? श्रोताओं के सामने अपनी बात तभी प्रभावी तरीके से कही जा सकती है, जब मुद्दे पूरी तरह स्पष्ट हों। भाषण के दौरान शब्द, तथ्य और कहने का अंदाज सभी की समान महत्ता है। अकसर ऐसा होता है कि भाषण के दौरान कोई बात कहने के लिए सटीक शब्द नहीं मिलता। ऐसे में अटकने और हड़बड़ाने की बजाय अन्य भाषाओं के वैकल्पिक शब्दों का इस्तेमाल किया जाना चाहिए। इससे भाषण का प्रवाह गड़बड़ा नहीं पाता और वक्ता की भाषायी समृद्धता पर श्रोताओं को संदेह नहीं होता। भाषण के दौरान श्रोता को जिज्ञासु बना देना वक्ता का अनुपम कौशल माना जाता है। संस्मरणों के समावेश से यह संभव है। भाषण की अदायगी में जिज्ञासा का रंग भरना आसान नहीं है। इसके लिए देश, काल और संदर्भों का ज्ञान नितांत आवश्यक है। भाषण के दौरान दहाड़ती ललकार, फुलझड़ियाँ और चार लाइनी चुटकुलेबाजी भी भाषा के समृद्ध ज्ञान से ही संभव है। भाषा के ज्ञान का स्तर प्रत्येक व्यक्ति का अलग-अलग होता है। ऐसे में वक्ता को चाहिए कि अपने कथन को श्रोता तक स्पष्ट रूप से पहुँचाने के लिए सुगम शब्दों का सुरुचिपूर्ण ढंग से इस्तेमाल करे। यदि जटिल मुद्दों पर कुछ कहना चाहते हैं तो अलग-अलग ढंग से कहने का प्रयास किया जाना चाहिए। इससे एक क्रम बन जाता है और सभी बातों को भली प्रकार स्पष्ट किया जा सकता है। इससे दो लाभ हो सकते हैं। पहला-आपका भाषण मूल मुद्दे से भटकेगा नहीं और दूसरा-बात को कम समय में परिमार्जित ढंग से कहा जा सकेगा। जब तक भाषा पर नियंत्रण नहीं होगा, सबकुछ गड़बड़ा सकता है। अच्छा वक्ता बनने के लिए

एक बात सदैव याद रखनी चाहिए कि लंबे वाक्य बोलने की बजाय बात को टुकड़ों में कहा जाए। ऐसा करते समय चेहरे पर प्रसंग के अनुरूप भाव भी आना चाहिए।

भाषाविदों का मानना है कि प्रवृत्तियों की विसंगतियों और विरोधाभासों को यदि व्यंग्य में व्यक्त किया जाए तो ज्यादा प्रभाव छोड़ते हैं। भाषा में चुटीलापन और पैनापन तो होना चाहिए, लेकिन भाषा हिसाब-चुकाऊ नहीं होनी चाहिए। राजनीतिक भाषणों में तो टिप्पणियाँ और कटाक्ष गहरा प्रभाव छोड़ते हैं। किंतु टिप्पणियाँ व्यंग्यात्मक छींटों की तरह होनी चाहिए। राजनीतिक दाँव-पेंचों में डूबी भाषा भी तभी वक्ता को विश्वसनीय बनाती है, जब उठाए गए मुद्दे राष्ट्रीय परिप्रेक्ष्य में हों।

आमतौर पर वक्ता खासकर शिक्षा और राजनीतिक क्षेत्र में अपने अनुभवों का बखान करने से नहीं चूकते; किंतु इनकी भाषा रोचक व प्रेरक होनी चाहिए, तभी श्रोताओं में अकुलाहट की बजाय आग्रह का भाव उत्पन्न होगा।

भारत एक विविधतावाला देश है। यहाँ कितनी तरह की बोलियाँ बोली जाती हैं, इसकी गणना सहज नहीं है। किसी भी क्षेत्र की भाषा और बोली को एकाएक आत्मसात् कर लेना भी सहज नहीं है। कई बार ऐसा होता है कि अंग्रेजीदाँ लोगों की बहुलता के क्षेत्र में उन्हीं की जुबान में बोलना आवश्यक होता है। ऐसे में भाषण के दौरान हिचक को बिलकुल हावी नहीं होने देना चाहिए। यह तभी संभव है, जब वक्ता बोलने में अटकने से बचे, अन्यथा जुबान की लड़खड़ाहट भीड़ के सामने नीचा दिखा सकती है। झिझक से बचने और आत्मविश्वास बनाए रखने के लिए भाषण में थोड़ा-बहुत अंतराल बनाए रखने का प्रयास किया जाना चाहिए, ताकि आगे क्या कहना है, इसे जेहन में सहजता से लाया जा सके।

□

6

अच्छे वक्ता तनाव से बचें

एक कहावत है कि 'मंच की मर्यादा और श्रोताओं को अपनी तरफ खींचने के लिए वक्ता का मानसिक संतुलन पहली जरूरत है। उसे आत्मविश्वास से ओत-प्रोत होना चाहिए। चेहरे पर परिलक्षित होनेवाली तनाव की एक भी रेखा व्यक्तित्व की विराटता को नष्ट कर देती है। जीवन तो चलने का नाम है, किंतु शारीरिक और मानसिक दबाव एक पल में गति को कमजोर कर देता है। अपने आपको निर्बल और सबल बनाए रखना खुद पर निर्भर करता है। इससे तो तभी बचा जा सकता है, जब अपने लक्ष्य के प्रति अर्जुन की तरह एकाग्रता बरती जाए।

राजनेताओं की जीवन-शैली तो बेहद थकाऊ होती है; किंतु उनकी मैराथन यात्राओं के दौरान जब उन्हें एक से अधिक सभाओं को संबोधित करना होता है तो भी वे पूरी तरह तरो-ताजा नजर आते हैं, क्योंकि वे जानते हैं कि थकान और तनाव का मामूली लक्षण भी उनकी छवि खराब कर सकता है। इसके लिए आवश्यक है कि भाषण के बीच हलका-फुलका विराम रखा जाए। जीवन में तनाव एकरसता के कारण होता है। इसके लिए जीवन-शैली में बदलाव लाते रहना चाहिए। राजनेताओं, शिक्षकों और कॉरपोरेट जगत् की हस्तियों के लिए यह नितांत आवश्यक है। कथा रस की बरखा कर लोगों को उल्लसित बनाए रखनेवाले संतों की निर्मल मुसकान ही उनकी अप्रतिम सफलता का रहस्य है।

संत श्री श्री रविशंकर की निर्मल मुसकान तो जग-प्रसिद्ध है। कहने की जरूरत नहीं कि उनको सुनने के लिए जन-समूह किस तरह उमड़ता है। आजकल तकनीकी शिक्षा की प्रवेश परीक्षाओं के लिए अध्ययन करने वाले छात्रों की सबसे बड़ी समस्या ही उनका तनावग्रस्त होना है। तनावपूर्ण स्थितियों

ने कितनी प्रतिभाओं को निगला है, कहने की जरूरत नहीं है। ऐसे प्रोफेशनल्स, जो नियमित रूप से 15 से 20 घंटे काम करते हैं या ऐसे राजनेता जिन्हें लगातार लंबी यात्राएँ करनी होती हैं, तनाव-मुक्त रहना उनकी पहली जरूरत होती है। तनाव एकरसता से उत्पन्न ऊब की जननी है, इससे बचने के लिए नियमित योगाभ्यास, सुबह की सैर और मेडिटेशन अनुपम उपचार हैं।

जो लोग श्रमसाध्य जीवन की अनिवार्यता समझते हैं और महत्त्वाकांक्षी हैं, उनके लिए जीवन का लक्ष्य-निर्धारण पहली जरूरत है। तनाव-मुक्ति का सरल तरीका है—दूसरों के प्रति प्रशंसा का भाव अपनाना। इससे आस-पास के लोगों में प्रगाढ़ता उत्पन्न होती है। नतीजतन आलोचक भी प्रशंसक बन जाते हैं। इस तरह का सकारात्मक माहौल उल्लास बनाए रखता है और तनाव उपजने की स्थितियाँ ही उत्पन्न नहीं हो पातीं। प्रतिद्वंद्विता, ईर्ष्यालु भाव और आलोचना को तनाव का मुख्य कारक माना जाता है। लेकिन यदि सकारात्मक प्रतिद्वंद्विता का भाव अपनाया जाए और आलोचना की बजाय समालोचना का रुख अपनाया जाए तो कोई कारण नहीं कि आप तनावग्रस्त हों।

चिकित्सा विशेषज्ञों की इस मामले में स्पष्ट राय है कि यदि आपमें भरपूर आत्मविश्वास हो तो तनाव की स्थिति उत्पन्न होने का कोई कारण नहीं है। आत्मविश्वास की कमी से हीनभावना भी उत्पन्न होती है, जो तनाव में रसायन का काम करती है। आलोचना भी व्यक्तिबद्ध नहीं होकर रचनाबद्ध हो तो अखरती नहीं और स्वयं को कचोटती नहीं कि 'मैंने ऐसा क्यों किया?'

तनाव एक प्रकार की मानसिक व्याधि है, जो व्यक्तित्व को तोड़ती है। इसलिए जोड़ने और जुड़ने का प्रयास किया जाए तो तनाव कभी भी पास नहीं फटकेगा। वक्ता का सबसे बड़ा दुश्मन है, उसमें हीनभावना का उत्पन्न होना। अपने आप में सिमटे, सकुचाए और निरीह-से लगनेवाले व्यक्ति को भला कौन सुनना चाहेगा? शारीरिक दोष को लेकर हतोत्साहित होना सबसे बड़ी कमजोरी है। वक्ता को उसकी सामर्थ्य और क्षमता ही लोकप्रिय बनाती है।

प्रसिद्ध राष्ट्र-चिंतक गोविंदाचार्य श्याम रंग के हैं। उनका व्यक्तित्व भी कतई प्रभावी नहीं है, किंतु उनको सुनने के लिए बेतहाशा भीड़ जुटती है। कुछ लोग मंच पर भाषण के लिए आमंत्रित किए जाने के नाम से ही घबराते हैं। ऐसा क्यों? दरअसल उनमें हीन भाव उत्पन्न हो गया है कि लोग कहीं उनका मजाक तो नहीं उड़ाएँगे? ऐसा आत्मविश्वास की कमी से होता है। श्रोताओं पर प्रभाव जमाने के लिए वक्ता की पहली जरूरत उसका और सौम्य

बने रहना है। खुद को दूसरों की नजरों से मूल्यांकन करने की बजाय अपने तरीके से करना चाहिए। सबसे बड़ी बात है सार्थक और उद्देश्यपूर्ण कार्यों में व्यस्तता नकारात्मक बातों के लिए कोई अवसर ही नहीं देती। नकारात्मक भाव तो वैसे भी सफल वक्ता की तरह राह में सबसे बड़ा रोड़ा होता है। वक्ता की लोकप्रियता की पहली शर्त है आप खुद को कितना पसंद करते हैं? और कोई भी व्यक्ति अपने को पसंद तभी कर सकता है, जब वह पूरी तरह तनाव-मुक्त हो।

□

7

बॉडी लैंग्वेज

वक्ता की छवि बनाने में उसकी जुबानी बाजीगरी के अलावा उसकी शारीरिक भाषा का भी विशेष योगदान होता है। वक्ता के मन में कब और क्या भाव उत्पन्न हो रहे हैं, बॉडी लैंग्वेज से सहज ही समझा जा सकता है। ऐसा अकसर होता है कि जहाँ राजनेता को भाषण देना होता है, वहाँ स्थितियाँ प्रतिकूल हों, तनाव उत्पन्न करनेवाली हों। ऐसे में बॉडी लैंग्वेज में आनेवाला बदलाव सबकुछ बता देता है। सामनेवाला व्यक्ति अथवा श्रोता यदि वक्ता की इस मन:स्थिति को भाँप लेता है, तो वक्ता की शख्सियत का तिलिस्म टूट जाता है। श्रोता की दृष्टि में वक्ता के प्रति बना हुआ भ्रम खत्म हो जाता है। इसलिए वक्ता की सफलता की पहली जरूरत है कि वो मन को एकाग्र कर अपनी स्थिति को कमजोर होने से बचाए। अत: वक्ता मन के वशीभूत न होकर मन को अपने वश में रखने का प्रयास करे। ऐसे समय में ऐसी विभूतियों को याद करने का प्रयास करना चाहिए, जिन्होंने स्थितियाँ प्रतिकूल होने के बावजूद धैर्य नहीं खोया और बदतर परिस्थितियों में भी उन्होंने अपनी निर्मल मुसकान को मलिन नहीं होने दिया।

विशेषकर प्रोफेशनल्स को बॉडी लैंग्वेज के प्रति सजग–सतर्क रहना बेहद जरूरी है। पेशेवरों की परिपक्वता इसी में नजर आती है, जब वे आँखों में आँखें डालकर निर्भीक भाव से बात करते हैं। किंतु इसकी सार्थकता तभी है, जब आँखों में आक्रोश नहीं, आर्द्रता नजर आए। आत्मविश्वास की इस विशिष्ट भंगिमा को सहज बनाए रखने के लिए पहली आवश्यकता है कि श्रोता की आँखों में सीधा देखने की बजाय आँखों के बीच में देखें। इससे वक्ता आपसे प्रभावित ही नहीं होगा, अपितु आपके व्यक्तित्व से अभिभूत भी होगा और वक्ता का मनोबल भी बना रहेगा।

शरीर की कुछ विशिष्ट भंगिमाएँ इस बात को दरशा देती हैं कि आपकी मनःस्थिति कैसी है। अकसर लोग किसी से बातचीत करने के दौरान अपने दोनों हाथ बाँध लेते हैं या हाथों को एक-दूसरे पर चढ़ा देते हैं। ऐसा तब होता है जब लोग अपने दोनों हाथों को अलग रखकर सहज महसूस नहीं करते। यह भंगिमा विचलित मन की परिचायक है, जबकि आत्मविश्वास से भरपूर नजर आने के लिए आवश्यक है एक हाथ पैंट की जेब में डाल लें। कम-से-कम दोनों हाथ पैंट की जेब में डालने से बचें, अन्यथा यह एक अप्रिय स्थिति कही जाएगी। हालाँकि श्रेष्ठतम स्थिति तो दोनों हाथों को खुला रखने में है। खुले हाथों में पेन, डायरी या व्यक्तित्व से मेल खाती कोई वस्तु पकड़े रहने से भी शारीरिक संतुलन का आभास बना रहेगा। बातचीत के दौरान पैर पर पैर चढ़ाकर अथवा हाथ पर हाथ रखकर बैठना सामान्य बात है, जबकि बौद्धिक तबके में इसे फूहड़ता माना जाता है। शरीर की यह भंगिमा दरशाती है कि अव्वल तो आप श्रोता की हर बात से सहमत हैं अथवा स्वयं को उसकी बातों से निर्लिप्त रखने की कोशिश कर रहे हैं। 'क्रॉस लेग' की यह भंगिमा श्रोता के निकट न होने के बावजूद निकट होने का आभास कराती है, जो सीधे-सीधे वक्ता को लाचार व्यक्ति के रूप में स्थापित करती है।

व्यक्तित्व की गरिमा बनाए रखने के लिए आवश्यक है कि सिर खुजाने, बालों को झटकने, नाक-कान कुरेदने, शरीर से मैल की बत्तियाँ उतारने जैसी बेहूदा स्थितियों से बचना चाहिए। इस तरह की भाव-भंगिमाएँ और क्रिया-कलाप व्यक्तित्व की गरिमा को नष्ट करते हैं। कोई व्यक्ति कितना ही गुणी क्यों न हो, किंतु छिछोरी भंगिमाएँ उसके गुणों को छिन्न-भिन्न कर देती हैं।

साक्षात्कार के दौरान व्यक्तित्व का प्रभाव उसकी बॉडी लैंग्वेज से प्रकट होता है। श्रोता, श्रद्धालु और छात्र वक्ता को परखने के लिए उसकी बॉडी लैंग्वेज पर ही नजर रखते हैं। शारीरिक भाव-भंगिमा ही उसके व्यक्तित्व का वजन तय करती है।

शर्म, झिझक और हकलाहट इसी की उपज हैं। व्यक्ति में हीनभावना इन्हीं तत्त्वों से उत्पन्न होती है। अकसर ऐसा होता है कि बड़ों के सामने बोलने या भाषण देने की नौबत आने पर लोग सकुचा जाते हैं। कुछ लोग तो विपरीत लिंगी के सामने पड़ जाने पर एकदम छुई-मुई हो जाते हैं। हीन भावना से ग्रस्त ऐसे लोग पार्टियों और समारोहों में सर्वथा अकेले पड़ जाते हैं। अगर ऐसे लोग झिझक से उबरने का प्रयास करें तो अनजानी जगह भी

अच्छे दोस्त बन सकते हैं।

अपने व्यक्तित्व को प्रभावी बनाए रखने की आकांक्षा ही बॉडी लैंग्वेज के प्रति सजगता के लिए प्रेरित करती है। सामान्य व्यक्ति भले ही बॉडी लैंग्वेज की महत्ता को न समझें, किंतु सेलिब्रिटी के दिलो-दिमाग में तो यह सवाल छाया रहता है कि सामनेवाले के मन में मेरे प्रति कैसी धारणा है। बॉडी लैंग्वेज को सशक्त माध्यम बनाने का सर्वाधिक श्रेय फिल्मकारों को जाता है, जिन्होंने अनेक फिल्मों में संवादों की अपेक्षा केवल शारीरिक भाषा में ऐसे दृश्य गढ़ दिए, जिन्होंने फिल्मों को कालजयी बना दिया। आज जब दिखावे की दुनिया का कैनवास बड़ा होता जा रहा है तो बॉडी लैंग्वेज को व्यक्तित्व के पैमाने के तौर पर इस्तेमाल किया जा रहा है। उच्च वर्ग की पार्टियों में तो इसका गजब नजारा होता है। कई बार लोग अपने कार्यस्थलों पर कुरसियों पर ठीक से बैठने की बजाय पसरने के अंदाज में दिखाई देते हैं। इससे छवि तो खराब होती ही है, शरीर की बनावट भी बिगड़ती है। कैसा भी अवसर हो, यदि खड़े होने या बैठने की मुद्रा अटपटी है तो सामनेवाले को समझने में देर नहीं लगेगी कि आप में आत्मविश्वास की कमी है।

माथा देखकर भविष्य बताना, हस्ताक्षर के अध्ययन से चारित्रिक विशेषताओं का बखान कर देना 'बॉडी लैंग्वेज' की ही परिणति है। बॉडी लैंग्वेज में मुसकान का सर्वाधिक महत्त्व है। पिछले दिनों प्रख्यात फिल्म निर्माता सुभाष घई ने अभिनेत्री कैटरीना कैफ की मुसकान को परिभाषित करते हुए कहा था कि उनकी मुसकान मासूमियत को अभिव्यक्त करती है। कैटरीना मुसकराते समय अपनी आधी आँखें बंद कर लेती हैं। इसी प्रकार स्थिर छायांकन के विशेषज्ञ तो मुसकराहट को श्रेष्ठतम मानते हैं। कैरियर की प्रगति के लिए आतुर अभिनेत्रियों को अपनी मुसकान का अर्थ और महत्त्व पूरी तरह मालूम है। मुसकराहट का अंकगणित और दूसरे बीज के अर्थ को श्रेष्ठि वर्ग की महिलाएँ बखूबी समझती हैं। वे जानती हैं कि कब किस प्रतिद्वंद्वी की दावत में किसे देखकर कितना मुसकराना है और कहाँ मुसकान में विद्रूप अभिव्यक्त करना है।

महात्मा गांधी के भाषण उनके शब्दों की अपेक्षा उनकी बॉडी लैंग्वेज से ज्यादा प्रभावी बन जाते थे। निम्न भाषण से यह समझा जा सकता है—

महात्मा गांधी का भाषण

हमने एक अनोखी नीति को लिया है। उस नीति के प्रयोग के साधन भी

अनोखे होंगे। वे क्या होंगे, उसकी मैं खोज करता रहता हूँ। मैं प्रयोग कर रहा हूँ, कहने के बारे में बदलती हुई परिस्थिति में मुझे अपने तरीके भी बदलने पड़ते हैं। बात कहने के, ताकि आप समझ सकें। मेरे पास कोई बना-बनाया शास्त्र नहीं है। हमारा प्रयोग एकदम नया है। उसके कदमों का क्रम कहीं निश्चित नहीं है। भाषणकर्ता को जिज्ञासु होना चाहिए। मैं भी एक जिज्ञासु हूँ। सत्याग्रह के विज्ञान की खोज और विकास मैं धीरज के साथ कर रहा हूँ। इस खोज से नित नया ज्ञान और श्रोताओं के संपर्क से नया प्रकाश पा रहा हूँ।

इसी प्रयोग की वृत्ति से हुबली में मैंने कहा था कि हम किसी भी रंगभूमि में उतरें, शौक से उसका अनुभव लें, सत्य और अहिंसा की अपनी शक्ति को आजमाएँ। हो सकता है कि ऐसी सलाह देने में मैंने गलती की हो, लेकिन उसका मुझे पश्चात्ताप नहीं है। अच्छा ही हुआ कि हम राजनीति की रंगभूमि में उतरे। हमने भाषण-संभाषण और संपर्क से बहुमोल अनुभव ले लिया। अगर हम यह अनुभव नहीं करते तो मैं दुविधा में रह जाता।

जब हममें बुराई को दूर करने की शक्ति न हो तो हमें उससे दूर हो जाना चाहिए, यही अहिंसा का तरीका है। इसी का नाम असहयोग है। असहयोग का बड़ा भारी सिद्धांत मैंने हिंदुस्तान के सामने रखा है। उसी को मैं यहाँ लागू कर रहा हूँ। एक उदाहरण लीजिए। आपके सामने यहाँ विरोधी प्रदर्शन हो रहा है। तो क्या हम जबरदस्ती जाकर उनके सामने खड़े हो जाएँ और उनसे कहें कि 'यह लो, हम खड़े हैं तुम्हें हमारे साथ, जो करना है सो करो'। यह तो मूर्खता है। इसलिए शास्त्रकार कहते हैं कि अगर कोई तुम्हारी निंदा करता है तो उसे सुनने के लिए मत जाओ। अलबत्ता बातचीत का रास्ता खुला रखना चाहिए। रुके संवाद को आगे बढ़ाने के लिए हमें यह भी देखना चाहिए कि जिन लोगों से बातचीत चल रही है, वह किस मौके पर और कहाँ हो रही है।

मुझे पता नहीं, आपको जापान के कोबे नगर के तीन बंदरों की मूर्ति का हाल मालूम है या नहीं। उसी मूर्ति की एक छोटी सी प्रतिकृति–एक खिलौना–किसी ने मुझे दे दिया था। उसमें तीन बंदर हैं। एक अपना मुँह बंद किए हुए, दूसरा आँखें बंद किए हुए और तीसरा कान बंद किए हुए है। वे संसार को यह उपदेश दे रहे हैं कि मुँह से बुरे वचन मत निकालो, आँखों से बुरी बातें मत देखो और कानों से गंदी बातें मत सुनो।

असहयोग का यही रहस्य है। यहाँ यह विरोधी प्रदर्शन हो रहा है। अगर वे इस मंडप में आकर हम पर हमला करें तो आपसे कहूँगा कि आप बैठे रहें

और उनके प्रहार सहते रहें। लेकिन मैं यह कभी नहीं कहूँगा कि वे लोग जहाँ प्रदर्शन कर रहे हैं, वहाँ जाकर आप उनके प्रहार सहें। यह तो उन्हें जान-बूझकर उत्तेजित करना है। इसमें अहिंसा नहीं है। इसमें अहंकार की वृत्ति है। इस स्थिति में यदि आप बातचीत की कला में माहिर हैं तो वार्ता को सही मुकाम पर ले जाया जा सकता है।

अतिरेक की स्थिति में भाषणकर्ता चाहे तो स्वाभाविक तरीके से विषय बदल सकता है अथवा अगले विषय को निपुणता से सँभाल सकता है। प्रश्न यह है कि जब बातचीत का अच्छा विषय मिल जाए तो उसे अंत तक ले जाना वाक्-कौशल पर निर्भर करता है। जितने अच्छे विचारों का आदान-प्रदान होगा उतनी ही बातचीत मजेदार हो जाएगी। प्रश्न है कि सटीक सवाल, सार्थक जवाब, तर्कसंगत विचार, सही वक्तव्य और जानकारी पुख्ता होनी चाहिए।

हम किसी का मुकाबला नहीं करना चाहते। हमारा मार्ग तो यह है कि जो हमारा विरोध करते हैं, उन्हें भी अपनाएँ। अगर वे विरोध करते हैं तो उनकी नासमझी है। लेकिन हम तो जानते हैं, हम उनके और वे हमारे हैं। इसलिए जब तक लोग हमें बुलाते नहीं हैं, हम निश्चेष्ट रहें। अपना रचनात्मक काम चुपचाप करते रहें। यह एक अनुभवी का वचन है। आप उसके रहस्य को समझ लें और पकड़ लें और फिर उसमें जो भरा है, उस पर ध्यान दें। इस प्रकार आपका संघ को समेट लेना अहिंसा का पदार्थ-पाठ होगा। यह सीधी बात है। इसमें कोई हानि नहीं है।

जिसे राजनीति कहा जाता है, उसके लिए न तो मैं खुद लायक बनना चाहता हूँ और न दूसरों को बनाना चाहता हूँ। हुबली में मैंने राजनीति में प्रवेश करने के लिए कहा। अनजाने में मैंने वह भूल की। यह भी कह सकते हैं कि अनजाने में हमने असत्याचरण किया। जिस काम के लिए हम पैदा हुए हैं, उसी को अच्छी तरह करने के बदले हमने दूसरे काम में हाथ डाला। जो हुआ सो ठीक ही हुआ। हमने अनुभव ले लिया। पाया कि हमारी वह ताकत नहीं है। हमें अपनी अयोग्यता का पता लग गया है। अब हम अपना हाथ खींच लेते हैं। हमने गलती तो की, लेकिन अपने दोषों का पता लगते ही हम सँभल रहे हैं। गलती जब सुधार ली जाती है, तब वह गलती नहीं रहती। अपनी भूल कबूल कर लेने से हमारी शक्ति बढ़ती है।

मैं आपसे कहता हूँ कि आप अपनी मर्यादाओं को पहचान लीजिए और जिस काम के लिए यह संघ बना था, उसी को अच्छी तरह कीजिए। कोई भी

बातचीत अनुचित शब्दों से युक्त या फिर विषय से हटकर नहीं होनी चाहिए। इससे सुननेवालों में बोलनेवालों के प्रति रुचि खत्म हो जाती है।

आज मेरे पास नोआखाली से कुछ मित्र आ गए थे। वे कहते थे, 'हम तुम्हारी सब बातें स्वीकार करते। लेकिन तुम्हारे अनुयायी जो यहाँ बैठे हैं, उनकी बात नहीं समझ सकते हैं, हम तुम्हारी बात मान सकते हैं। तुम उसे गांधीवाद कहो, चरखा चलाना कहो, ग्रामोद्योग कहो, हम उसको स्वीकार करते हैं। हम तुम्हारे अनुयायी हैं। लेकिन तुम्हारे अनुयायियों के अनुयायी नहीं हैं। तुम्हारे अनुयायियों के पास कुछ भी नहीं है।'

लोग चाहे जो कहें, जैसे सेवा का कोई संप्रदाय नहीं बन सकता वैसे ही वक्ता का कोई धर्म नहीं हो सकता। वह तो सबके लिए है। हम सबको स्वीकार करेंगे, सबके साथ चलने की कोशिश करेंगे। यही अहिंसा का रास्ता है। अगर हमारा कोई वाद है तो वह यही है। गांधीवाद कोई चीज नहीं। मेरा कोई अनुयायी नहीं है। मैं ही अपना अनुयायी हूँ। नहीं, नहीं, मैं भी अपना पूरा-पूरा अनुयायी कहाँ बन पाया हूँ! अपने विचारों पर मैं भी कहाँ अमल करता हूँ! तब दूसरे मेरे अनुयायी कैसे हो सकते हैं? दूसरे मेरे साथ चलें, मेरे सहयात्री रहें, यह तो मुझे प्रिय है। लेकिन कौन आगे चले और कौन पीछे चले, इसका मुझे कहाँ पता है? आप सब मेरे सहाध्यायी, सहकर्मी, सहसेवक, सह-संशोधक हैं। अनुयायी होने की बात आप छोड़ दें। कोई आगे नहीं, कोई पीछे नहीं। कोई नेता नहीं, कोई अनुयायी नहीं। हम सब साथ-साथ हारबंद (एक कतार में) चल रहे हैं। यह बात कई बार कह चुका हूँ। लेकिन आप लोगों को याद दिलाने के लिए फिर से दोहरा दी है। यह एक अनर्थकारी स्थिति है कि आप बोलते रहें, सुननेवाला सुनता रहा, लेकिन कोई प्रतिक्रिया ही नहीं जताई। ऐसी बातचीत, अभियान या कोई भी कदम तब तक अधूरा कहा जाएगा, जब तक उसमें क्रिया-प्रतिक्रिया नहीं होगी। सत्य और अहिंसा को जो लोग मेरी तरह मानते हैं, उनकी फेहरिश्त का रजिस्टर रखने के लिए 'गांधी सेवा संघ' की जरूरत नहीं है। ऐसी किसी फेहरिश्त की मैं कोई आवश्यकता नहीं देखता। 'तब भविष्य में संघ का क्या स्वरूप और क्या कार्य हो सकता है,' इसका विचार मैं कल कर रहा था। मैं जिस नतीजे पर आया हूँ, वह सब आपके सामने रख रहा हूँ।

आज कहा जाता है कि सत्य व्यापार में नहीं चलता, किसी भी प्रकरण में नहीं चलता। तो फिर वह कहाँ चलता है? अगर सत्य जीवन के सभी क्षेत्रों में और सभी व्यवहारों में नहीं चल सकता तो वह कौड़ी की कीमत की भी

चीज नहीं है। जीवन में उसका उपयोग ही क्या रहा? मैं तो जीवन के हर व्यवहार में उसके उपयोग का नित्य नया दर्शन पाता हूँ। पचास वर्ष से अधिक से साधना कर रहा हूँ। उस साधना का अनुभव अंशतः आप लोगों के सामने रखता जाता हूँ। आप भी उसका दर्शन कर सकते हैं।

□

8

श्रोताओं की जिज्ञासा की कद्र करें

वक्ता और श्रोता के बीच संपर्क का पुल तब बनता है, जब वक्ता के शब्दों में श्रोता के प्रति चिंता झलकती है। ऐसी स्थिति में वक्ता को उस कालखंड की दुश्चिंताओं का पर्याप्त ज्ञान होना चाहिए। आज जबकि राजनीतिक और सामाजिक स्थितियों में जिस तरह तेजी से गिरावट आई है, श्रोता वक्ता के शब्दों के आईने में उन्हें देखना चाहता है। वक्ता को क्षेत्र विशेष की भयावह सच्चाइयों का ज्ञान होना चाहिए, जिन्होंने लोगों की परेशानियों का कैनवास दिनोंदिन बढ़ा दिया है। इनके बारे में श्रोता में गहरी उत्कंठा होती है कि वक्ता का मनोवैज्ञानिक ज्ञान कैसा है? श्रोता राजनीतिक नेताओं से विकास के दावे नहीं सुनना चाहता। वह यह जानना चाहता है कि काहिली, मौज-मस्ती और हद दर्जे के कामचोर लोगों को कैसे नेस्तनाबूद किया जाना चाहिए? श्रोता वक्ता का हौसला परखना चाहता है कि राजनीतिक संरक्षण में उच्च पदों पर आसीन अयोग्य और अकर्मण्य अधिकारियों के बारे में उनकी भावनाओं से कैसे तालमेल बिठाता है। श्रोता वक्ता की विश्वसनीयता की परख करने के लिए यह जानना चाहता है कि वह किसके पक्ष में खड़ा है, जो दोनों के बीच में अटूट रिश्ता कायम करती है। वक्ता के लिए श्रोता की यह भाव-प्रवणता एक बड़ी उपलब्धि कही जा सकती है। श्रोता वक्ता को भगवान् के रूप में देखता है, जो अपनी बुलंद आवाज से भ्रष्ट तंत्र को तार-तार कर सकता है और जीवन के प्रत्येक क्षेत्र में व्याप्त अराजकता का खुलासा कर सकता है।

सार्वजनिक जीवन के अन्य मंचों पर भी श्रोता वक्ता को चमत्कारिक शक्ति के रूप में देखना चाहते हैं, जो पाखंड का पर्दाफाश कर सके। श्रोता की आकांक्षा वक्ता से तर्कसंगत बातें सुनने की होती है। उसकी चाहत होती है कि समाज की विसंगतियाँ तेज-तर्रार भाषण के जरिए उधड़ जाएँ और लोगों

में सड़ी–गली परंपराओं के विरुद्ध एक टीस उत्पन्न कर सके। अभिव्यक्तियों के आधार पर वक्ता की घृणा हो या वाक्‌चातुर्य, उन्हें परिस्थितिजन्य नजर आनी चाहिए। भ्रष्ट व्यवस्था को नकारता वक्ता श्रोता को महानायक नजर आता है।

यद्यपि श्रोता का मन जीतना ही सफल वक्ता की कसौटी होती है, लेकिन इसका अर्थ यह कदापि नहीं है कि असंगत मुद्‌दों पर भी सहमति व्यक्त की जाए। अनेक शोध भी इस बात की पुष्टि करते हैं कि 'जब किसी की तर्कहीन बात पर सहमति जताना उचित न हो तो जबरदस्ती 'हाँ' कहना गलत है।' हालाँकि वक्ता के लिए ऐसे अवसर कम ही आते हैं। अटलांटिक विश्वविद्यालय, फ्लोरिडा के मनोविज्ञानी डेविड निवन की पुस्तक 'द हंड्रेड सिंपल सीक्रेट्स ऑफ हैपी पीपुल' में शामिल एक अध्ययन में कहा गया है कि श्रोता का प्रश्न यदि तर्कसंगत न भी हो और उसकी हठधर्मिता बनी रहती हो तो वक्ता का दायित्व है कि वह भावनात्मक तरीके से उन्हें संतुष्ट करे। श्रोता के किसी प्रश्न का तात्कालिक समाधान संभव न हो तो उसे टालने की बजाय विनम्रतापूर्वक कह दिया जाए कि मैं आपको बाद में इसका समाधान बता दूँगा।

श्रोता सबसे ज्यादा संतुष्ट तब होता है, जब वक्ता उसके साथ अपनी भावनाओं को बाँटने का प्रयास करता है। चारित्रिक और नैतिक मूल्यों के पतन के दौर में राजनीति और अर्थनीति पर उपभोक्तावादी नजरिया और ज्वलंत मुद्‌दों को अप्रासंगिक कर देना श्रोता की दृष्टि में वक्ता को अस्वीकार्य कर देता है। जबकि वक्ता का दायित्व मुद्‌दों से पलायन का नहीं होना चाहिए, अपितु उसे दोनों पक्ष बताकर श्रोता के मन के बिखराव को रोकना चाहिए।

आज का बदलता सामाजिक ढाँचा, शहरीकरण की आँधी, व्यवसायों के बदलते चरित्र ने लोगों के सामने अनेक अनुत्तरित प्रश्न खड़े कर दिए हैं। ऐसे में श्रोता के मन में प्रश्नों का अंधड़ चलता रहता है। उसे वक्ता में इस आदमखोर व्यवस्था के खिलाफ लड़नेवाला पैगंबर नजर आता है। ऐसे में श्रोता का मन तभी जीता जा सकता है, जब उसके प्रश्नों का युक्तिसंगत समाधान किया जा सके। शैक्षिक क्षेत्र में छात्र की दृष्टि में प्राध्यापक सर्वगुण–संपन्न व्यक्ति होता है। ऐसे में प्राध्यापक का छात्र की कसौटी पर खरा उतरना उसकी सफलता के लिए नितांत आवश्यक है। छात्र की अपेक्षा रहती है कि वह उन्हें शिक्षा विषयक पाखंडों से बचाकर उसके सुदीर्घ भविष्य की कामना करेगा।

इस परिदृश्य में मजदूर संगठनों, सामाजिक संगठनों तथा अन्य संगठनों की समानांतर कथाएँ भी चलती हैं। किंतु सभी क्षेत्रों में श्रोताओं की एक ही कामना होती है कि वक्ता इनके निहितार्थों का खुलासा करें, सरकारी और गैर-सरकारी सूत्र से प्राप्त विवरणों के आधार पर समाधान खोजें और श्रोताओं के सामने रखें।

□

9

भाषण में रोचकता का समावेश

एक प्रचलित कहावत है कि 'शब्द शस्त्र का भी काम करते हैं।' आवश्यक नहीं कि इस संदर्भ में शब्द-संधान के रूप में किसी मारक हथियार की कल्पना की जाए। प्रसंग चाहे जो हो, किंतु ऐसे अवसर पर जो कहा जाए वह प्रासंगिक तो हो। उसमें शब्दों का ऐसा समावेश हो कि श्रोता का दिल वहाँ से हटने का न हो। संसद् और विधानसभाओं में जिस तरह कँटीले शब्दों के उपयोग से भाषण में जान फूँकी जाती है, कम-से-कम ऐसा अमर्यादित आचरण तो नहीं होना चाहिए। उदाहरण के लिए, समाज विशेष से जुड़ी सभाओं का आयोजन हो तो प्रत्यक्षदर्शी घटनाओं का वर्णन श्रोता को वक्ता से सीधे तौर पर जोड़ता है। राजनीतिक सभाओं की बात करें तो सियासत की तिकड़मी चाल से हलकान लोगों की पीड़ा ऐसे शब्दों में पिरोई जानी चाहिए कि श्रोता दर्द से अभिभूत हो जाएँ। ऐसे अवसरों पर तो कहने को बहुत कुछ होता है। विकास की मंथर गति, पानी-बिजली के अभाव में लोगों की कष्टपूर्ण जीवन-शैली को जितने मार्मिक ढंग से पेश किया जाएगा उतना ही मुद्दा प्रभावी बन पड़ेगा। संकटापन्न स्थितियों का प्रभाव दरशाना हो तो दर्द में डूबे शब्दों में इस प्रकार कहा जाए कि लोगों में सिहरन पैदा हो जाए। कथ्य और शिल्प तभी असर छोड़ता है, जब शब्दों में गहरी ऊष्मा हो। भाषण तभी रोचक बनता है, जब उसमें जिज्ञासा और कौतूहल जगानेवाला भाव हो। इसमें कोई संदेह नहीं कि लंबे वाक्यों से भाषण को विस्तार तो मिलता है, किंतु एकरसता ऊब उत्पन्न करने लगती है।

आधुनिक भारतीय जीवन की राजनीतिक कलह, मूल्यहीनता और संस्कारहीनता ऐसे मुद्दे हैं, जिन्हें सुनने की श्रोताओं में गहरी उत्कंठा रहती है, किंतु इन मुद्दों में श्रोता की संवेदना टटोलने का भाव नहीं हुआ तो सबकुछ बेअसर रह जाएगा।

यह एक शाश्वत सत्य है कि वक्ता को अपने भाषण में गहरा असर उत्पन्न करना है तो चुटकुलों, मुहावरों और शेरो-शायरी का समावेश श्रोता को अपने स्थान पर चिपका देता है। प्रख्यात पत्रकार विष्णु नागर के शब्दों में, 'सामाजिक सरोकारों को आत्मछंद में पिरोकर की गई शेरो-शायरी श्रोता के तन-मन में उतर जाती है और भाषण की लज्जत दुगुनी हो जाती है।' शेरो-शायरी भाषण में तरो-ताजगी तो पैदा करती ही है, साथ ही भाषण की धार को भी तराशती है। खिचड़ीनुमा भाषण भी श्रोताओं का वक्ता के प्रति लगाव उत्पन्न करता है। श्रोता परिवर्तनगामी होते हैं। उन्हें हमेशा बदलाव की बात सुहाती है; किंतु बात को राष्ट्रीय और सामाजिक परिप्रेक्ष्य से जबरन हटाकर परिवर्तनगामी श्रोता की आकांक्षा के अनुरूप कहा जाए, यह उचित नहीं है। ऐसे में श्रोता के छिटकने की संभावना के मद्देनजर यदि हास्य प्रसंग रचे जाएँ तो श्रोता का असंतोष स्वत: ही गायब हो जाएगा।

कुछ ऐसे अवसर भी होते हैं, जो वक्ता की अग्निपरीक्षा के होते हैं। सत्ता व्यवस्था की क्रूरता उजागर करने के साथ पीड़ितों का सहानुभूति भाव जोड़ना नितांत आवश्यक होता है, अन्यथा भीड़ छँटने में देर नहीं लगती। श्रोता के साथ असहमत होते हुए भी असहमति का भाव दरशाना उचित नहीं होता। ऐसे अवसरों पर श्रोता की मनचाही के साथ उसके दुराग्रह पर वार करना तभी संभव है, जब वक्ता को ऐसे उद्धरण याद हों जो श्रोता का ध्यान आकर्षित करते हुए कड़वाहट का एक अंश भी उसके संज्ञान में नहीं आने दे। ऐसे में कई जगह गीतात्मकता कड़वाहट को निकालकर रोचकता उत्पन्न कर देती है। प्रश्न यह है कि इस संक्रमण काल में वक्ता के भाषा-शिल्प में शिथिलता नहीं आनी चाहिए।

भाषणों को सर्वाधिक रोचक बनाते हैं सवाल-जवाब। सफल वक्ता वही होता है, जो अपने भाषण को सवालों से सराबोर रखे, वैसे भी ऐसे किसी भी आयोजन की सार्थकता भी सवालों में ही है। सवाल-जवाब का सिलसिला नहीं चलेगा तो श्रोताओं में रुचि कैसे उत्पन्न होगी? जब वक्ता बोलता रहेगा और श्रोता सुनता रहेगा तो स्थिति में नीरसता ही उत्पन्न होगी। यह भी स्पष्ट है कि नीरसता में सभाएँ ज्यादा देर नहीं चलतीं। सभा का समापन भी हो गया तो अधूरेपन के आभास में ही सिमटेगी। चाहे सभा हो या बातचीत, यदि परस्पर संवाद नहीं होगा तो एकतरफा होकर रह जाएगी। सभाओं को सरस बनाने की दृष्टि से सवालों को महत्त्वपूर्ण माना जाता है।

श्रोता की सवाल-जवाब में दिलचस्पी क्यों होती है? इसका स्पष्ट उत्तर है कि उसकी उत्सुकता अपने ज्ञान का परिमार्जन करने की होती है, ताकि लोगों के बीच वह अपने आपको ज्यादा चतुर साबित कर सके। सवाल-जवाब का एक उत्कृष्ट पक्ष यह भी है कि श्रोता में रोचक भाव जाग्रत् करने के अलावा वक्ता के साथ भी बेहतर तालमेल स्थापित किया जा सकता है।

श्रोता अच्छे सवाल और सटीक जवाब के प्रति क्यों उत्सुक रहता है, इसकी गहराई समझें तो यह संवाद कभी पुख्ता सुधार का आधार भी बन जाते हैं। इसमें दूसरे व्यक्ति के दृष्टिकोण को परखने का भी समुचित अवसर मिलता है। श्रोता इस बात को भली-भाँति जानते हैं कि सवाल करने और सवाल उठाने की प्रक्रिया एक ऐसी दक्षता की स्थिति उत्पन्न करती है, जिसे श्रोता बखूबी सहेजना चाहता है। सवाल-जवाब की प्रक्रिया श्रोता को क्यों ज्यादा पसंद आई है? दरअसल इससे प्राप्त ज्ञान उसे बौद्धिक तबके में कद्दावर बनाता है। भाषण का एक रूप किसी मुद्दे पर अपनी बात रखना भी होता है। ये अवसर कारोबारी, सामाजिक अथवा निजी जिंदगी के दौरान भी आते हैं। किंतु इस प्रस्तुति को रोचक और प्रभावी बनाने पर ही वक्ता के कौशल को सराहा जा सकता है। श्रोता की रुचि आमतौर पर वक्ता, विशेषकर ऐसे वक्ता जो राष्ट्रीय स्तर पर पहचाने जाते हैं, उनके जीवन-वृत में झाँकने की ज्यादा होती है। ऐसे में भाषण के दौरान आत्मकथ्यों, संस्मरणों और जीवनपरक वृत्तांतों का वर्णन किया जाना श्रोता को लुभाता है। मनोचिकित्सकों का मानना है कि 'श्रोता को इससे अतिरिक्त सुख मिलता है।' दरअसल विभिन्न क्षेत्रों की विभूतियों के प्रति लोगों में एक आकर्षण बना रहता है, इसलिए उनके संस्मरणों से जुड़े भाषण श्रोता को बरबस बाँध लेते हैं।

संत-महात्माओं की धर्म सभाओं में उमड़ती भीड़ और श्रोताओं के मंत्रमुग्ध होकर सुनने का मुख्य कारण है प्रवचनों के बीच-बीच में पुराण कथाओं, धार्मिक आख्यानों और चुटीले प्रसंगों का सरस वर्णन। अध्यात्म वैसे भी भारतीय जनमानस का मुख्य आकर्षण है। विशेषकर 'रामचरितमानस' के प्रति तो गजब का रुझान है। कथा वाचक इस रहस्य को भली-भाँति जानते हैं। ऐसे में प्रवचनों की एकरसता से दूर रखने के लिए 'रामचरितमानस' की चौपाइयों का बड़ी सरसता के साथ वर्णन करते हैं। भगवान् कृष्ण के प्रति भारतीय जनमानस में एक अनूठी आसक्ति है। कथा वाचकों ने उनके जीवन-प्रसंगों के चित्रण, उनकी नाटकीय प्रस्तुति और श्रोताओं के सहयोग से नाट्य

रूपांतरण के माध्यम से बखूबी भुनाया है। लेकिन इस संदर्भ में कथावाचक मोरारी बापू एक कदम आगे रहे। उन्होंने भगवान् श्रीकृष्ण को एक नए रूप में परिभाषित किया, अर्थात् उन्होंने श्रीकृष्ण को पत्रकार कुल का प्रमुख भी बता दिया। चूँकि परिवार का प्रमुख सदैव उसके लोगों के लिए आदर्श होता है, ऐसे में जब मोरारी बापू ने 'मानस देहोत्सर्ग, पर प्रवचन किया तो उन्हें सुनने के लिए पत्रकारों का जबरदस्त रैला उमड़ पड़ा था। कहने का तात्पर्य है कि यदि वक्ता ज्ञान का मर्मज्ञ है और उसके पास दूर दृष्टि है तो विभिन्न रोचक प्रसंगों का भाषण में समावेश हर श्रोता को बाँधे रख सकता है।

□

10

भाषण-कला का नियमित अभ्यास

विधा कोई भी हो, उसके लिए निरंतर और नियमित अभ्यास की जरूरत होती है। भाषण-कला कोई सतही ज्ञान से प्राप्त नहीं हो सकती, अपितु इसके लिए आवश्यक है भाषा पर नियंत्रण, सामान्य ज्ञान पर गहरी पकड़ तथा गहरा आत्मविश्वास। जैसे अन्य क्षेत्रों में मनोयोग से अभ्यास करना होता है ठीक वैसे ही भाषण-कला सीखने के लिए दत्तचित्त होकर अभ्यास की जरूरत है। इसमें कोई संदेह नहीं कि अभ्यास के दौरान गलतियाँ भी होती हैं। लेकिन भाषणों के बूते भारत ने स्वतंत्रता पाई। यह बात तो देश का बच्चा-बच्चा जानता है कि गांधीजी के भाषणों ने लोगों में देश-प्रेम की अलख जगाई। कभी किसी ने कल्पना भी नहीं की थी कि वकालत के प्रोफेशन में बुरी तरह असफल रहे महात्मा गांधी अपनी आवाज का ऐसा जादू जगा देंगे कि पूरा देश उनके इशारों पर नाचेगा।

समाज-शास्त्रियों की मानें तो एक व्यक्ति, जो अपने मित्रों और घर-परिवार के सदस्यों से सहज होकर बातचीत कर सकता है वह बोलने की कला का अभ्यास क्यों नहीं कर सकता? अमेरिकी सीनेट के जाने-माने सांसद रह चुके जॉन ब्राइट तो शुरू में भाषण के नाम से भी घबराते थे। उनके निकटवर्ती लोगों का कहना है कि राजनीति का प्रारंभिक दौर उनके लिए इतना कठिन था कि जैसे ही मंच पर जाने को कहा जाता, घबराहट के मारे उनका पसीना छूटने लगता। आहिस्ता-आहिस्ता उन्होंने अपने आपको नियंत्रित करने का प्रयास किया। सबकुछ ठीक हो गया और उन्होंने एक प्रखर वक्ता की पहचान बनाई। इतिहास-प्रसिद्ध मार्टिन लूथर किंग ने तो अपनी आत्मकथा में लिखा है कि 'मैं जब यह सोचकर मंच पर जाने लगा कि सामने बैठा जनसमुदाय तो मिट्टी का खिलौना है, तो मेरा आत्मविश्वास अपने आप लौट आया।'

भाषण-कला के अभ्यास के लिए कोई क्लास ज्वॉइन करना आवश्यक नहीं है। प्रतिदिन केवल एक घंटे का समय इसके लिए नियत कर लिया जाए। घर के एकांत कमरे अथवा जन-शून्य क्षेत्र में जाकर पेड़-पौधों को जन-समूह मानते हुए निर्धारित विषय पर बोलने का प्रयास करना चाहिए। घर का एकांत कमरा हो तो शीशे के सामने खड़े होकर भी बोलने का अभ्यास किया जा सकता है। शुरुआत धीरे-धीरे बोलने से करनी चाहिए। आवाज खुली और स्पष्ट हो तथा बोलने की प्रक्रिया संतुलित हो, अन्यथा हकलाने और लड़खड़ाने की नौबत आ सकती है।

अभ्यास के लिए पहले विषय-वस्तु का चयन करके उसके सिलसिलेवार बिंदु बना लें, फिर प्रत्येक बिंदु पर धीरे-धीरे और रुक-रुक कर बोलने का अभ्यास करना चाहिए। भाषण-कला के अभ्यास में सबसे बड़ी शक्ति आत्मविश्वास की होती है। कोई व्यक्ति इस विधा में असफल इसलिए नहीं होता कि उसके पास विचारों की कमी है या कि दोष अथवा बौद्धिकता का अभाव है, बल्कि आत्मविश्वास की कमी उसे हताश कर सकती है।

भाषण में वाणी का संतुलन तथा विषय-वस्तु पर केंद्रित रखने के साथ विशेष आवश्यकता भाव-भंगिमा की होती है। अर्थात् किस मुद्दे पर किस तरह हाथों का संचालन करना है? यह तभी संभव है, जब अभ्यास आईने के सामने किया जाए। इससे किसी कमी का आभास हो तो उसे तत्काल दूर भी किया जा सकता है। समाज-शास्त्रियों का मानना है कि भाषण-कला के अभ्यास के लिए सुबह टहलने का समय सबसे श्रेष्ठ होता है। अनेक ख्याति-प्राप्त कथा वाचकों ने एकांत क्षेत्र में प्रवचनों का अभ्यास कर सफलता पाई है। अभ्यास के दौरान अपने विश्वसनीय मित्रों को साथ रखें तो उनके सुझाव अच्छा मार्गदर्शन कर सकते हैं। शुरुआती दिनों में ऐसे छोटे-छोटे इलाकों को प्रचार क्षेत्र बनाया जाना चाहिए, जहाँ विद्वज्जन की अपेक्षा सामान्य लोग रहते हैं। इस स्थिति में वक्ता में यह विश्वास बना रहेगा कि उसकी अपेक्षा सामनेवाला जनसमुदाय कुछ नहीं जानता। उनके ज्ञान का स्तर उनके मुकाबले कुछ भी नहीं है।

भाषण अभ्यास की पहली शुरुआत पार्क या निर्जन क्षेत्रों में जाने की बजाय कमरे के एकांत में करनी चाहिए। कमरे के सामान को जन-समुदाय मान लेना चाहिए। भाषण-कला को सँवारने के लिए एकाकीपन की भावना काफी कारगर सिद्ध हो सकती है। स्कूलों में निबंध, अंताक्षरी, वाद-विवाद

प्रतियोगिता का मकसद यही होता है कि बच्चे मंच पर बोलने की झिझक से मुक्त रहें और आगे चलकर यदि उन्हें ऐसा ही कोई कैरियर चुनना हो तो किसी प्रकार की कोई कठिनाई का सामना नहीं करना पड़े। कुछ राजनीतिक घरानों ने ऐसा किया भी है। उन्होंने अपने बच्चों को स्कूली शिक्षा से ही भाषण विधा में प्रवीण बनाने के लिए प्रयास किए हैं।

उत्तर प्रदेश के चुनावों में प्रियंका गांधी द्वारा अपने बच्चों को ले जाए जाने का यही अर्थ निकाला गया कि वे जन-समुदाय के सामने लाकर बच्चों की झिझक तोड़ना चाहती हैं। इसमें कोई संदेह नहीं कि मंच पर खड़ा व्यक्ति अपने सामने नजरें गड़ाती भीड़ को देखकर हतोत्साहित हो सकता है। ऐसे में जो कुछ सोचकर आता है, वह सबकुछ एक ही पल में गड़बड़ा जाता है। डरा हुआ वक्ता यदि मंच पर खड़ा हो गया तो जो कुछ कहेगा, 'प्रलाप' ही होगा। अप्रासंगिक बातें सुनाकर अच्छे-खासे मखौल का पात्र बन जाएगा। अभ्यास के साथ व्यक्ति को अपने व्यक्तित्व की तरफ भी ध्यान देना आवश्यक है। व्यक्तित्व की पूर्णता आत्मविश्वास से भरपूर होने, शख्सियत के अनुरूप लिबास और निर्भीकता में होती है। सुस्त और भीरु व्यक्ति को कौन सुनना चाहेगा? लड़खड़ाते और हड़बड़ाए व्यक्ति को कौन सुनना पसंद करेगा?

भाषण-कला के अभ्यास का सर्वाधिक रोचक तरीका है बच्चों की पुस्तकों से कुछ शिक्षाप्रद कहानियों का चयन कर लें। उनमें कुछ ऐसे तत्त्वों का भी समावेश कर लें, ताकि कथा को बढ़ा-चढ़ाकर कहा जा सके। कथा को कल्पनाशीलता अधिक विस्तार दे सकती है। बाद में उसमें भावना का पुट देकर बच्चों को सुनाएँ। अभ्यास की दृष्टि से यह भाषण-कला सीखने का श्रेष्ठतम उपाय माना जा सकता है। कहानियों में हर कदम पर नया मोड़ होता है, जो भाषण में उतार-चढ़ाव उत्पन्न करने की विधा सीखने के काम आता है।

भाषण-कला के अभ्यास में सहजता बनाए रखने के लिए पहली जरूरत है कि भाषण को परिचय से लेकर निष्कर्ष तक पूरी तरह लिख लिया जाए। शुरुआत में ऐसा संभव नहीं कि सभी बिंदुओं को याद रखा जा सके। यदि स्मरण-शक्ति कुछ अच्छी है और अपने आप पर भरोसा है तो कागज पर मुख्य बिंदुओं को सिलसिलेवार लिख लें। इससे इस बात का ध्यान रखा जा सकेगा कि पहले किस विषय पर बोलना है और क्या लिखना है? बिंदु भी विस्तार से लिखने की जरूरत नहीं है, बस इतना भर लिख लिया जाए, जो समझा जा सके। भाषण का अभ्यास एक लंबी प्रक्रिया है, इसलिए धैर्य रखने

की जरूरत है। सीखने के लिए सबसे बड़ी जरूरत है संबल बनाए रखना। हतोत्साहित होने की आवश्यकता नहीं कि भला हम कैसे सीख पाएँगे! याद रखें, 'करत-करत अभ्यास के जड़मति होत सुजान।'

ऐसे कितने ही लोग हुए हैं, जो अभ्यास की शुरुआती कोशिशों में बुरी तरह हताश हो गए; लेकिन साहस खोने की बजाय पूरी ताकत से जुटे रहे। नतीजतन आगे चलकर असाधारण रूप से सफल हुए। राजनीतिक जीवन के शुरुआती दौर में युवा तुर्क कहलानेवाले दिवंगत प्रधानमंत्री चंद्रशेखर तो अपने प्रारंभिक दिनों में कई बार इतने डाँवाँडोल हुए कि कहना कुछ होता तथा कह कुछ और जाते। कई बार उन्हें उपहास का पात्र भी बनना पड़ा; लेकिन मनोबल गँवाने की बजाय अभ्यास जारी रखा। नतीजतन उनके भाषण आज भी कालजयी हैं।

भाषण में असफलता का सबसे बड़ा कारण हीन भावना है। जन-समुदाय के आगे अपने आपको तुच्छ समझनेवाला व्यक्ति अच्छा वक्ता कैसे हो सकता है? भीड़ को देखकर गला सूख जाना या संतुलन बिगड़ जाना अच्छे संकेत नहीं हैं। वक्ता को समझना चाहिए कि सामने जो भी लोग हैं, उन्हें सुनने आए हैं। एक समाज-शास्त्री का कहना है कि श्रोता एक वाद्य की तरह है, वक्ता को तय करना है कि उसे उसके तार छेड़ने हैं।

प्रभावी व्यक्तित्व बनाने के लिए जो महत्त्वपूर्ण बातें हैं, उनमें नपी-तुली भाषा सुनने में एकाग्रता, अपनी बात पहुँचाने के लिए सही हाव-भाव प्रकट करना, आत्मविश्वासी होना तथा अपनी बात को पूरी विश्वसनीयता से रखना नितांत आवश्यक है। भाषा पर यदि पूरी तरह नियंत्रण है, किंतु बोलने का अभ्यास अधूरा है तो वक्ता की बात समझने की बजाय श्रोता असमंजस में पड़ जाएगा। कोशिश यह करनी चाहिए कि जटिल शब्दों की अपेक्षा आसान शब्दों का उपयोग करें। इससे वैकल्पिक शब्दों से समझाने की जरूरत नहीं पड़ेगी।

मसला चाहे निजी जिंदगी का हो या प्रोफेशन का, अच्छे ढंग से कही गई बात की वक्ता को विश्वसनीय बनाने में मददगार सिद्ध होगी। यदि अवसर सार्वजनिक सभा के मंच का हो तो उचित भावों का प्रदर्शन करते हुए बात को सुरुचिपूर्ण ढंग से कहा जाए। कई बार विषय-वस्तु जटिल हो जाती है। ऐसी स्थिति में विषय-वस्तु के मुख्य बिंदुओं को अलग-अलग हिस्सों में बाँटकर कहने का प्रयास करें। इसमें एक सिलसिला बन जाता है और वक्ता अपनी बात

को भली प्रकार समझा सकता है। प्रत्येक बिंदु के साथ एक संदेश भी जुड़ा होता है। उसकी भी समान रूप से व्याख्या करते चलें तो श्रोता को समझने में कोई कठिनाई नहीं होती। प्रत्येक बात के तीन पक्ष होते हैं। पहला–भाषा, दूसरा–शब्द ज्ञान और तीसरा–उसमें छिपा संदेश। बात को इन्हीं तीन बिंदुओं पर केंद्रित किया जाना चहिए, ताकि श्रोता में असमंजस उत्पन्न न हो। जब बात तीन महत्त्वपूर्ण बिंदुओं पर केंद्रित हो और अलग-अलग ढंग से सिलसिलेवार कही जाए तो श्रोता के सामने सबकुछ स्पष्ट होता चला जाएगा। इन तीन बिंदुओं के अतिरिक्त यदि कुछ और भी विकल्प हो तो अवसर के अनुसार उसका उपयोग किया जा सकता है। प्रश्न यह है कि आपका ध्यान इधर-उधर गड़बड़ाना नहीं चाहिए।

अभ्यास के दौरान विषय-वस्तु के मुद्दों पर भली प्रकार विचार कर लेना चाहिए, ताकि मौके पर कोई बात भूलने की नौबत न आए। भाषण का शुरुआती अभ्यास करनेवाले ही नहीं अपितु इस पेशे के धुरंधरों को भी मंच पर जाने से पहले अपने नोट्स तैयार करके साथ में रखना चाहिए, ताकि समय पर उनका उपयोग किया जा सके। सामान्य बोलचाल के दौरान भी अनेक शब्दों का सीखा जा सकता है। यदि वक्ता को लगता है कि उनका उपयोग सार्थक सिद्ध हो गया है तो स्वयं भी इनका उच्चारण कर अभ्यास में लाना चाहिए। अकसर भाषण के दौरान प्रसंग के अनुरूप नई जानकारी देने की नौबत आने की संभावना हो तो उसका विस्तृत विवरण तैयार करके अपने पास रख लेना चाहिए।

अभ्यास केवल भाषण देने का ही नहीं करें, अपितु भाषा की शुद्धता और स्पष्टता भी जरूरी है, अन्यथा व्यक्तित्व का शीशमहल एक पल में धराशायी हो सकता है। सामूहिक विचार-विमर्श का तरीका भी बोलने के अभ्यास को तराशता है। अच्छी बहस के दौरान भाषा में निखार उत्पन्न होता है। व्यावसायिक प्रबंधन में तो समूह वार्त्ता द्वारा व्यक्तित्व की परख की जाती है। इसी से पता चलता है कि वक्ता की मानसिकता कितनी रचनात्मक है। समूह विमर्श में केवल बहस तक ही सीमित नहीं रहा जाना चाहिए, अपितु जितना ध्यान बोलने पर दिया जाए उतना ही सुनने पर भी दिया जाना चाहिए। सामान्य ज्ञान में अभिवृद्धि का इससे बड़ा कोई अवसर नहीं हो सकता और सही बात को सही वक्त पर कहने का अभ्यास हो सकेगा। अभ्यास का परिमार्जन अध्ययन से जुड़ा है, यानी अभ्यास जितना ज्यादा होगा अध्ययन उतना ही अभ्यास में निखार।

अच्छा वक्ता बनने के लिए अखबारों और पत्र-पत्रिकाओं को अच्छी

सामग्री माना जाता है। इनसे ज्ञानार्जन में वृद्धि होती है और आपके पास ज्ञान का इतना विशाल भंडार हो जाता है कि आपके तर्कों में गजब की धार उत्पन्न हो जाती है।

अभ्यास के दौरान बॉडी लैंग्वेज को नहीं भूलना चाहिए, क्योंकि इसी से बोलने के लहजे में एक जबरदस्त प्रभाव उत्पन्न हो सकता है। अभ्यास के दौरान शांत चित्त रहना नितांत आवश्यक है, अन्यथा अरुचि और उत्तेजना सारे किए-कराए पर पानी फेर सकती है।

□

11

वाणी-दोष से बचें

भाषण के दौरान वक्ता को बुलंद आवाज में बोलना चाहिए, क्योंकि ऐसी स्थिति में लड़खड़ाने और हकलाने की नौबत नहीं आती। किंतु जल्दबाजी से बचने की कोशिश करनी चाहिए, ताकि शब्दों के उलझाव की स्थिति उत्पन्न न हो। शब्दों के उलझाव से श्रोता को समझने में कठिनाई होती है। कई बार तो शब्दों का उलझाव वक्ता को परिहास का पात्र बना देता है। इस प्रोफेशन में शुरुआती कदम रखनेवाले व्यक्ति को तो संतुलित ढंग से बोलना चाहिए, ताकि उसे क्रमबद्ध किए गए अपने विचारों को प्रकट करने में कठिनाई न हो। इससे लड़खड़ाने की स्थिति से भी बचा जा सकता है। शब्दों का संतुलित निर्वाह आत्मविश्वास उत्पन्न करता है, जो वक्ता के व्यक्तित्व को विशिष्ट बनाता है। अमूमन वक्ता की असफलता का मुख्य कारण मनोवैज्ञानिक होता है, जो आत्मविश्वास की कमी के कारण होता है। यही कमी वाणी-दोष तथा स्मृति-लोप का कारण बनती है।

भाषण में असफलता मन में अपने व्यक्तित्व के प्रति भी ग्लानि उत्पन्न करती है। यह वक्ता की सैनिक सरीखी पराजय है, जो हथियार होते हुए भी मौका चूक जाता है। यदि वक्ता श्रोता के चेहरे पर अपने कथन की प्रतिक्रिया देखने की भूल-भुलैया में फँस जाएगा तो अपनी राह भूल जाएगा। वक्ता का धैर्य टूटने का यह एक प्रमुख कारण बन जाता है। निर्भीक होना और संकोची वृत्ति से दूर रहना हालाँकि एक ही प्रजाति के शब्द हैं, किंतु संकोच आत्मविश्वास की कमी के कारण उत्पन्न होता है, इसलिए निर्भीक बने रहना वक्ता के लिए पहली जरूरत है।

सुदर्शन डांगी नामक एक विद्वान् ने कभी भाषण-कला सिखाने का संस्थान भी चलाया और उन्होंने भाषण विधा पर कालजयी पुस्तकें भी लिखीं।

अपनी आत्मकथा में उन्होंने इस बात का उल्लेख किया था कि 'शुरुआत में मुझे अनेक बार असफलता का मुँह देखना पड़ा, किंतु मैंने साहस नहीं छोड़ा। मैं समझता हूँ कि साहस के संबल ने ही मुझे भाषण-कला में प्रवीण बनाया।'

एक जाने-माने राजनेता हैं, जो जन्म से हकलाहट के शिकार थे। लेकिन वाणी-दोष के बावजूद कुशल वक्ता की धुन थी। यह जानते हुए भी कि यह दोष उन्हें कभी भी सफल नहीं होने देगा, उन्होंने हकलाहट पर काबू पाने के लिए उन शब्दों पर रुकने का अभ्यास किया। पहले वो कोई गंभीर बात करते, फिर तनिक रुककर विचार मुद्रा बनाते। नतीजतन धीरे-धीरे हकलाहट दूर होती चली गई और आगे चलकर उन्होंने एक प्रखर वक्ता के रूप में पहचान बनाई। फ्रांसीसी लेखक कार्लाइल ने कहा भी है कि 'भाषण के दौरान कुछ पल का विराम और मौन वाक् शक्ति को प्रखर बनाते हैं।'

भाषण में वर्णनात्मक शैली का समावेश बात को विस्तार देता है तथा श्रोताओं में उत्कंठा जगाता है। कथा वाचकों की सफलता का सबसे बड़ा कारण यही है। वर्णनात्मक शैली प्रसंगों और घटनाओं से निखरती है, जो श्रोताओं को सोचने को प्रेरित करती है। भाषण-कला को ताजा-ताजा सीखकर निकले लोगों को तो चाहिए कि जिस विषय पर उन्हें बोलना हो, उससे जुड़े दृष्टांत भी याद करके रखें, ताकि अवसर के अनुरूप उनका उपयोग किया जा सके। जहाँ तक संभव हो, छोटी विषय-वस्तु पर बोलने की कोशिश करें और उनमें ज्यादा दृष्टांतों का समावेश करें। इससे भाषण प्रभावी बन पड़ेगा तथा वक्ता मानसिक दबाव से भी बचा रह सकेगा। वक्ता के लिए हर पल मानसिक संतुलन बनाए रखना ज्यादा जरूरी है। शब्दों की साधना भी मानसिक संतुलन से ही होती है। भाषण-कला का अभ्यास करनेवालों के लिए मानसिक संतुलन पहली खुराक होती है। घर-परिवार और मित्रों के बीच भी घरेलू मुद्दों पर अच्छे ढंग से बोल-बतिया लिया जाए तो इससे आत्मविश्वास दुगुना होता है। फिर तो उस पर कलात्मक लेप करना ही बाकी रहता है।

भाषण एक शिल्प, एक कौशल है। जिस तरह कलाकार अपनी कला के शिखर पर बैठकर भी चुप नहीं रहता, उसमें उत्तरोत्तर नई संभावनाओं की खोज करता है, वक्ता को भी अपनी भाषण-कला को परिष्कृत करने का निरंतर प्रयास करते रहना चाहिए। साधना का सिलसिला बनाए रखने से ही साधक की तपस्या फलीभूत होती है। डॉक्टर क्या एम.बी.बी.एस. होने के साथ ही अपनी साधना समाप्त कर लेता है? आगे एम.डी. और उससे कहीं

ज्यादा ज्ञानार्जन करता है, ताकि चिकित्सा के क्षेत्र में नया अनुसंधान कर सके। साधना की यह प्रक्रिया समर्पित व्यक्तियों द्वारा अनंतकाल तक चलती है। सतत प्रयास से ही भाषण-कला में निखार आ सकता है। यह तभी संभव है, जब अध्ययन और सामान्य ज्ञान के क्षेत्र में नए आधार की तलाश की जाए। कोई व्यक्ति यह सोचकर कि मैं तो भाषण-कला में पूरी तरह पारंगत हो गया, मुझे और कुछ सीखने की क्या जरूरत है, निश्चय ही उसकी साधना मलिन हो जाएगी। उसमें चमक तभी आएगी जब कला को निरंतर तराशते रहा जाए।

कहावत है कि 'ज्ञान की पतीली को जितना माँजोगे उतनी ही उसमें चमक पैदा होगी। थोड़ा भी आलस्य ज्ञान के प्रति स्मृति-लोप की स्थिति उत्पन्न कर देता है। प्रवीणता का पुष्प उसी की झोली में गिरता है, जो झोली को फैलाए रखता है। चींटी तो एक निरीह और अकिंचन प्राणी है, लेकिन ऊपर चढ़ने की प्रक्रिया में हजार बार गिरने के बाद भी उसका हौसला पस्त नहीं होता। श्रम-साध्यता ही सफलता की कुंजी है। भाषण-कला उच्च कोटि का शिल्प है, जो श्रम की साधना से निखरता है। इसमें आतुरता और उतावलापन नहीं, निष्ठा व निरंतरता चाहिए। वक्ता की दक्षता तभी संभव है, जब वह कदम-दर-कदम अपने लक्ष्य की तरफ बढ़ता है। वक्ता का हथियार उसकी बौद्धिकता और वाणी कौशल होता है, जिसे आत्मविश्वास और मानसिक संतुलन से तराशा जाता है।

आइए, स्वामी विवेकानंद के इस भाषण से उनकी वक्तृत्व-कला को समझें–

"अमेरिकी बहनो और भाइयो! आपके इस स्नेहपूर्ण और जोरदार स्वागत से मेरा हृदय अपार हर्ष से भर गया है। मैं आपको दुनिया के सबसे पौराणिक भिक्षुओं की तरफ से धन्यवाद देता हूँ। मैं आपको सभी धर्मों की जननी की तरफ से धन्यवाद देता हूँ और मैं आपको सभी जाति-संप्रदाय के लाखों-करोड़ों हिंदुओं की तरफ से धन्यवाद देता हूँ। मेरा धन्यवाद उन वक्ताओं को भी, जिन्होंने इस मंच से यह कहा है कि दुनिया में सहनशीलता का विचार सुदूर पूर्व के देशों से फैला है। मुझे गर्व है कि मैं एक ऐसे धर्म से हूँ जिसने दुनिया को सहनशीलता और सार्वभौमिक स्वीकृति का पाठ पढ़ाया है। हम सिर्फ सार्वभौमिक सहनशीलता में ही विश्वास नहीं रखते, बल्कि हम विश्व के सभी धर्मों को सत्य के रूप में स्वीकार करते हैं। मुझे गर्व है कि मैं एक ऐसे देश से हूँ, जिसने इस धरती के सभी देशों के सताए गए लोगों को शरण दी है।

मुझे यह बताते हुए गर्व हो रहा है कि हमने अपने हृदय में उन इस्राइलियों की शुद्धतम स्मृतियाँ बचाकर रखी हैं, जिनके मंदिरों को रोमनों ने तोड़-तोड़कर खँडहर बना दिया और तब उन्होंने दक्षिण भारत में शरण ली। मुझे इस बात का गर्व है कि मैं एक ऐसे धर्म से हूँ, जिसने महान् पारसी देश के अवशेषों को शरण दी और अभी भी उन्हें बढ़ावा दे रहा है। भाइयो मैं आपको एक श्लोक की कुछ पंक्तियाँ सुनाना चाहूँगा, जिसे मैंने बचपन से स्मरण किया व दोहराया है और जो रोज करोड़ों लोगों द्वारा हर दिन दोहराया जाता है।

"जिस तरह से विभिन्न धाराओं की उत्पत्ति विभिन्न स्रोतों से होती है, उसी प्रकार मनुष्य अपनी इच्छा के अनुरूप अलग-अलग मार्ग चुनते हैं। वे देखने में भले सीधे या टेढ़े-मेढ़े लगें, पर सभी भगवान् तक ही जाते हैं।

"गीता में बताए गए एक सिद्धांत का प्रमाण है, 'जो भी मुझ तक आता है, चाहे किसी भी रूप में, मैं उस तक पहुँचता हूँ। सभी मनुष्य विभिन्न मार्गों पर संघर्ष कर रहे हैं, जिनका अंत मुझमें है।'

"सांप्रदायिकता, कट्टरता और इसके भयानक वंशज हठधर्मिता लंबे समय से पृथ्वी को अपने शिकंजों में जकड़े हुए हैं। इन्होंने पृथ्वी को हिंसा से भर दिया है। कितनी बार ही ये धरती खून से लाल हुई है, कितनी ही सभ्यताओं का विनाश हुआ है और कितने देश नष्ट हुए हैं। अगर ये भयानक राक्षस नहीं होते तो आज मानव समाज कहीं ज्यादा उन्नत होता। लेकिन अब उनका समय पूरा हो चुका है। मुझे पूरी उम्मीद है कि आज इस सम्मेलन का शंखनाद सभी हठधर्मिता, हर तरह के क्लेश, चाहे वे तलवार से हों या कलम से और हरेक मनुष्य, जो एक ही लक्ष्य की तरफ बढ़ रहे हैं, के बीच की दुर्भावनाओं का विनाश करेगा।

(स्वामी विवेकानंद, शिकागो विश्व धर्म सम्मेलन, 11 सितंबर, 1893)

□

12

अच्छा वक्ता : अच्छा समीक्षक

किसी भी कला का गौरव बनाए रखने के लिए उसके निश्चित सिद्धांत भी होते हैं। समय की महत्ता इस विधा पर भी समान रूप से लागू होती है। श्रोता वक्ता के सारगर्भित कथन की उम्मीद करता है, जबकि कुछ लोग भूमिका बाँधने में ही लंबा समय गँवा देते हैं। नतीजतन श्रोता शुरुआत में ही ऊबने लगता है। श्रोता सरस, बोधगम्य और विषय की गहराई जानना चाहता है। इसलिए भूमिका छोटी हो, किंतु उसमें अनिवार्यता और महत्ता का जिक्र पहले ही कर देना चाहिए। विषय के प्रति किसी की क्या मान्यता है, इसे गिनाने की जरूरत नहीं है, अपितु जो कहा जाए वह तर्कसंगत होना चाहिए। वक्ता के थोपे हुए विचार कोई भी श्रोता ग्रहण नहीं करना चाहेगा। न्यायालय में वकील अपनी बात को तर्कों से साबित करता है, ऐसा कोई नहीं करना चाहेगा। अलबत्ता ऐसी बात सुनना चाहेगा, जो तर्क की कसौटी पर खरी हो।

याद रखना चाहिए कि वक्ता का असली परीक्षक श्रोता होता है। इसलिए किन्हीं मुद्दों पर श्रोता से असहमति हो तो आवेश प्रकट करने से बचना चाहिए। अन्यथा वक्ता की छवि खीझनेवाले सनकी व्यक्ति की बन जाएगी और उसकी सभाओं में जाने से लोग कतराएँगे। वक्ता और श्रोता का नाता सदैव का है। उसमें प्रगाढ़ता लाने का प्रयास करना चाहिए। कड़वाहट में वापसी के रास्ते बंद हो जाते हैं। वक्ता की शिष्टता उसे ख्याति प्रदान करती है। अत: सभा समापन के दौरान कृतज्ञता दरशाना श्रेष्ठ आचरण कहलाता है। यदि अवसर की अनुकूलता देखकर वक्ता किसी प्रसंग की अनिवार्यता समझे तो उसे श्रोताओं से कहना चाहिए कि अमुक मुद्दा भी इसी संदर्भ से जुड़ा है, यदि आप उचित समझें तो इस पर भी चर्चा की जा सकती है।

भाषण में भी सेल्समैन सरीखी विद्वत्ता होनी चाहिए। वाक्-चातुर्य और व्यवहार-कुशलता इसके आयुध हैं। परस्पर संबंधों का मजबूत सेतु तभी बनता है। जब दोषों की अपेक्षा गुणों पर अधिक ध्यान देने का सकारात्मक दृष्टिकोण अपनाया जाए तो विशेषताओं का इंद्रधनुष दमकता नजर आएगा। वक्ता को अपने व्यक्तित्व में दिनोंदिन उजास भरने के लिए नवसृजन के प्रयोग भी करते रहना चाहिए। इस तरह के प्रयोग का दायरा श्रोताओं की मानसिकता को पढ़ते हुए करना चाहिए। उदाहरण के लिए, इस तरह के प्रसंगों का बराबर उल्लेख करते रहना चाहिए, जिससे स्वयं के सम्मान में अभिवृद्धि हो तथा श्रोता भी समादृत हो। वक्ता के सफल होने का यह सबसे प्रभावी तरीका है। भाषण के दौरान अनेक प्रसंग ऐसे भी आते हैं, जो बात का वजन बढ़ाते हैं। ऐसी स्थिति में यदि उनका संबंध शास्त्रों अथवा महापुरुषों से जोड़ दिया जाए तो उनमें एक विशिष्टता उत्पन्न हो जाती है। स्वयं सिद्धांतों का संवाहक बनने से उसकी अर्थवत्ता गौण हो जाती है।

आजकल विभिन्न सामाजिक संगठनों द्वारा युग चेतना का संवाहक बनने का प्रयास किया जा रहा है। यदि युग चेतना उत्पन्न करनेवाली विचारधारा को प्रसंगों से जोड़ा जाए तो श्रोताओं को अभिभूत किया जा सकता है। यह प्रयास सामयिक भी कहलाएगा।

वक्ता को अहंकारी भाषा नहीं बोलनी चाहिए, अर्थात् स्वयं को केंद्र में बनाए रखने के प्रयास से बचना चाहिए। किसी अभियान पर बोलने का अवसर हो तो उससे जुड़े एक या दो व्यक्तियों से भी पदाधिकारियों को श्रेय देना चाहिए, अन्यथा वक्ता का एकपक्षीय झुकाव उसे नीचा दिखाएगा। कलह का बीजारोपण इसी से होता है। यह एक सामान्य सिद्धांत है कि किसी भी अभियान में स्वयं का आधिपत्य सहयोगियों से दूर कर देता है। इसलिए भाषण के दौरान जब भी ऐसा प्रसंग आए, प्रत्येक सहयोगी के योगदान की भरपूर सराहना करनी चाहिए। आज का श्रोता केवल श्रोता नहीं है, वह एक चिंतक भी है।

सूचना के संसार से पूरी तरह जुड़ा हुआ है, इसलिए वह भली-भाँति जानता है कि कोई भी मिशन केवल एक व्यक्ति के कंधों पर नहीं चलता। ऐसी स्थिति में अपना एकाधिकार प्रदर्शन श्रोता की दृष्टि से वक्ता को हीन बनाता है। नम्रता का प्रदर्शन भाषण को प्रभावी बनाता है। अपनी विद्वत्ता या कथित लोकप्रियता का बखान करना तो किसी भी क्षेत्र में अच्छा नहीं है।

लेकिन भाषण के दौरान ऐसा करना तो और भी निकृष्ट है। इसका दोहरा दुष्प्रभाव पड़ेगा। पहला श्रोता की नजरों में गिरना, दूसरा अनर्गल बातों में समय नष्ट कर श्रोता की कोप दृष्टि का शिकार होना। इन स्थितियों में वक्ता का कुछ अर्जित करना तो दरकिनार, अब तक अर्जित की गई उपलब्धियाँ भी निरर्थक हो जाती हैं।

भाषण-कला संभाषण का उद्गम है। संभाषण अपने विशद रूप में भाषण के रूप में प्रकट होता है। सामाजिक सरोकार से लेकर राजनीतिक हलकों में तथा राजनयिक मसलों तक होनेवाली द्विपक्षीय वार्ताओं का आधार संभाषण कला ही है। इसका क्षेत्र केवल मंच तक ही सीमित नहीं होकर विशाल है, इसलिए इसकी उपयोगिता और महत्ता अपेक्षाकृत ज्यादा है। भाषण में सिद्धांतों की उपादेयता का स्रोत भी संभाषण से ही है। संभाषण की यह विधा घर से शुरू होकर कार्यक्षेत्र से होती हुई समाज, शासन-तंत्र तथा समग्र सांसारिक संबंधों तक पहुँचती है।

भाषण की शुरुआती पाठशाला संभाषण ही इस बात की कुंजी है कि जीवन में व्यक्ति की सफलता के मूल कारक क्या हैं? व्यावसायिक सफलता भी इसी बात पर निर्भर है। यदि संभाषण अथवा वार्त्ता कौशल में आप निपुण हैं तो किसी भी क्षेत्र में सफलता असंदिग्ध है। सामाजिक, राजनीतिक अथवा व्यावसायिक संदर्भों में वही व्यक्ति सराहना का केंद्र बन सकता है, जिसकी शैली परिष्कृत होगी। ऐसे प्रसंगों में व्यक्ति का पहला प्रभाव ही अंतिम प्रभाव सिद्ध होता है। व्यक्तित्व की प्रभावशीलता और शालीनता का प्रभाव तभी छोड़ा जा सकता है, जब भेंटवार्त्ता के दौरान शिष्ट आचरण किया जाए।

आलोचक श्रोता की विश्वसनीयता वक्ता के लिए मार्गदर्शक की तरह होती है। वक्ता को भाषण में अपनी निजी विचारधारा सीमित रखनी चाहिए, इसलिए समस्याओं को पहचानने के रूप में रेखांकित करते हुए उनकी सीमा भी सामने रखते चलना चाहिए। परिवर्तन की भूमिका बाँधने की कोशिश में वक्ता की अपनी तैयारी नाकाफी नहीं होनी चाहिए। विचारों में प्रतिमान की व्याख्या करते हुए इस बात का ध्यान रखा जाना चाहिए कि सही प्रतिमान दबकर नहीं रह जाए। वर्ग संस्कारों का जैसा तीव्र संघर्ष मौजूदा कालखंड में देखा जा रहा है, उससे इतर कुछ कहना हो तो पर्याप्त तर्क वक्ता के पास होने चाहिए। शहर बनाम गाँव की बहस के दौरान जो भी तर्क दिए जाएँ, वे बेमानी नहीं होने चाहिए। भाषण में विषय-वस्तु को लेकर अनेक टर्निंग पॉइंट

आते हैं। ऐसे में कोई भी बात प्रासंगिकता को देखते हुए कहनी चाहिए। यह तभी संभव है, जब तात्कालिकता के सूत्र को हाथ में रखा जाए कि जो कहा जा रहा है, वह प्रसंग के अनुकूल है। कई बार श्रोता ऐसे प्रश्न कर देते हैं, जिनसे उनकी प्रतिभा झलकती है। तब बुनियादी मसलों पर गौर करते हुए उनके संतोषजनक उत्तर दिए जाने चाहिए।

□

13

वक्ता बनाम भाष्यकार

वक्ता चाहे जिस क्षेत्र से हो, उसे विलक्षण माना जाता है; क्योंकि वह मूल्य-बोध कराता है। शासन-प्रशासन, राजनीति, समाज और अकादमिक जगत्, चाहे कोई भी दायरा हो, वक्ता की प्रखरता तभी सिद्ध होती है जब कोई एक बात, कोई एक दृष्टांत या कोई एक वाक्य पूरे भाषण में जान फूँक दे। उदाहरण के लिए, यदि दयानंद सरस्वती के व्यक्तित्व पर कुछ कहा जा रहा हो तो यह कहना अत्यंत प्रभावी सिद्ध हो सकता है कि महर्षि ने सबसे पहले स्वदेश, स्वधर्म और स्वभाषा का ज्ञान भारतीयों को दिया। सामाजिक सरोकारों और दायित्वों के बारे में अधिक स्पष्ट रूप से सोचने और कह पाने की क्षमता बौद्धिक परिपक्वता से आती है। यह परिपक्वता उसके द्वारा बात को ऐतिहासिक, सामाजिक और दार्शनिक परिप्रेक्ष्य में कहने से आती है। यदि न्याय व्यवस्था पर बोलना हो तो यह जानते हुए भी कि न्याय व्यवस्था कितनी लचर है, वक्ता को कहना चाहिए कि संसार में एक आदर्श व्यवस्था की आशा रखना शायद अव्यावहारिक है, किंतु इतना तो प्रयास होना चाहए कि न्याय अधिक-से-अधिक लोगों को सुलभ हो।

सशक्त वक्ता वही है, जो अपने भीतर कथ्य और शिल्प को समेटे रहता है। मसलन जब पारिवारिक रिश्तों को लेकर कुछ कहा जाना हो तो यदि उनकी महत्ता को तन्मयता से उभारा जाए तो श्रोताओं में गजब का असर हो सकता है। सभी जानते हैं कि आम आदमी सामाजिक, राजनीतिक और प्रशासनिक व्यवस्था की चक्की के नीचे पिसा जा रहा है। यदि इन मुद्दों को नजरअंदाज कर हवाई बातें की जाएँ तो सबकुछ वृथा हो जाएगा। यहाँ वक्ता की सफलता तभी है, जब वह 'जन' पर बोलने के बावजूद 'जनवादी' फॉर्मूला से दूर रहे।

किसी अवसर पर यदि जीवनानुभूत प्रसंगों का वर्णन किया जा रहा हो तो ऐसे समय में पात्रों का उल्लेख व्यापक अध्ययन का संकेत तो है। राजनीति कहने और सक्रिय रहने की दृष्टि से बहुत बड़ा क्षेत्र है। इस प्रसंग को लेकर समकालीन सामाजिक रुझान और सत्ता समीकरण की चर्चा के दौरान राजनीति की विरूपताओं के बावजूद पलायन का भाव नहीं आना चाहिए, अपितु संघर्ष का जज्बा नजर आना चाहिए। आधुनिक भारतीय जीवन की राजनीति के कलह और संस्कारहीनता को ठीक से रेखांकित करने के लिए यदि नेताओं के चारित्रिक भंडाफोड़ से बचा जाए तो वक्ता को श्रोता की निगाह में चढ़ने का अपूर्व अनुभव होता है। दर्द की वर्णनात्मक शैली में अगर दर्द को पूरी तरह रचा-बसा दिया जाए तो भाषण में कितनी गजब धार पैदा होती है!

विभाजन का एक उदाहरण '…अपनी जान बचाने की फिक्र ने हिंदू-मुसलिमों को मजलूम बनाकर रख दिया। जिन पैरों के जेवर बनने के लिए चाँदी की जूतियाँ बेताब रहती थीं, रफ्ता-रफ्ता वही खूबसूरत पाँव हवाई चप्पलों के इश्तिहार बनकर रह गए। जिन घरों में कभी दूध के लिए बरतन कम पड़ते थे, उन घरों में माँओं की छातियाँ तक रेगिस्तान के कुओं की तरह सूख गई थीं। डोलियों और पालकियों में सफर करने वाली औरतें फटे-पुराने कपड़ों से अपनी आबरू छिपाने में नाकाम हो गईं। वतन से मुहब्बत की सत्ता शायद ही किसी बदनसीब कौम को मिले!'

भाषण में जान फूँकने के लिए बतकहियों, परंपराओं और जनश्रुतियों का भरपूर उपयोग करना चाहिए। यह एक प्रकार का तड़का है, जो बात में स्वाद उत्पन्न करता है। भाषण में बेवजह की कलाबाजी से महक पैदा नहीं होती। विषय के अनुरूप रूपक, बिंब और प्रतीकों का अच्छा इस्तेमाल किया जाना चाहिए। वक्ता को एक बात और गाँठ बाँध लेनी चाहिए कि अभिप्राय जताने के लिए सहज प्रवाहित शब्दों में कथन को व्यक्त करना चाहिए। जिंदगी के वास्तविक रंगों की परछाईं अगर शब्दों में नजर आ जाए तो इससे बढ़कर वक्ता की प्रवीणता का कोई पैमाना हो ही नहीं सकता। इसमें कोई संदेह नहीं कि हालात का तकाजा जलते प्रश्नों से ही बनाया जा सकता है। लेकिन प्रश्न सुलगनेवाले कतई नहीं होने चाहिए, क्योंकि विचारों और विचारधाराओं का दौर कभी खत्म नहीं होता। इसलिए बदलते कालखंड के अनुरूप चिंतन की निरंतरता जारी रखनी चाहिए। संदर्भ कोई भी हो, उसमें यदि सर्वोत्कृष्ट शिल्प का वैभव डाल दिया जाए तो श्रोता कितना मुग्ध होगा, कहने की जरूरत नहीं।

भाषण में चमक तब आती है जब उसमें जिज्ञासा का भाव उत्पन्न हो जाए। विद्वज्जनों का कहना है कि 'कवियोचित शैली में पगी हुई जिज्ञासा श्रोताओं को ज्यादा प्रभावित करती है। ऐसे अनेक प्रसंग मिलते हैं, जिनमें वक्ताओं ने मंच को अपनी उपलब्धियों, अपनी महानता को प्रदर्शित करने और प्रतिष्ठित करने का साधन बनाया है; जबकि वे नहीं जानते कि उन्होंने अपने कैरियर को चौपट कर लिया है। एक अच्छे वक्ता के लिए नितांत आवश्यक है कि जीवन में जितना घटित-अघटित होता है, उन्हें और स्मृतियों को सहेजकर रखना नितांत आवश्यक है; क्योंकि कहीं-कहीं भाषणों के बीच ये निजी अनुभव और आत्मकथ्य श्रोताओं को मंत्रमुग्ध कर सकते हैं।

वक्ता को भाष्यकार की भूमिका में दिखाई देना चाहिए। इससे पूर्वग्रह और दुराग्रह से उसका बचाव बना रहता है। जिस तरह तसवीर में चटख रंग भरने से ही उसका आकर्षण उभरता है, उसी प्रकार भाषण में तर्क शक्ति और हास्य-बोध का मिश्रण भरा जाना चाहिए। कटाक्ष निंदनीय नजर नहीं आए अपितु अज्ञान और दंभ को दूर करनेवाला होना चाहिए। एक कहावत है कि 'तीव्र मार्मिकता श्रोता से तादात्म्य स्थापित करने में गहरी मदद करती है।'

दुरूह जीवन का खाका इसी से साकार होता है। वक्ता का यही कौशल उसके भाषण में प्राण फूँकने का काम करता है। अन्याय, अत्याचार और प्रतिकूलताओं की चर्चा के साथ उनसे लड़ने का साहस भी उत्पन्न करना चाहिए; क्योंकि मुठभेड़ और विरोध करने की स्थिति का चरम अभी हमारा समाज अर्जित नहीं कर सका है। इसलिए वक्ता के इन तेवरों को हाथोंहाथ लिया जाएगा।

भाषण में स्थितियों की समयानुकूलता के मद्देनजर बाजार, उपभोक्तावाद, असमानता, प्रभु वर्ग की चालाकियों आदि विसंगतियों पर किस्सागो तरीके से करारा व्यंग्य करना वक्ता की विशिष्ट उपलब्धि बन सकती है। ग्रामीण तिकड़मबाजी का सांगोपांग चित्रण बहुत जटिल होता है। लेकिन उसका सटीक चित्रण तभी सफल हो सकता है, जब दृष्टांत देकर ग्रामीणों की पीड़ा और संघर्षधर्मिता को उजागर किया जाए। एक बेरोजगार की चेतना में उतरते हुए दर्द को ऐसे शब्दों में गूँथ दिया जाए कि श्रोता सहज ही विचलित हो जाए।

वक्ता यदि वेदना को जीवंत करने में कामयाब हो जाता है तो समझ लीजिए, उसने शिखर छू लिया। श्रद्धा और आस्था के प्रति भारतीय जनमानस के अतीव अनुराग को चतुर वक्ताओं ने जमकर भुनाया है। नतीजतन ऐसे

वक्ताओं की कमी नहीं है, जिन्होंने भाषण में धार देने के लिए मर्यादा पुरुषोत्तम श्रीराम को सामाजिक व राजनीतिक परिवेश की आधुनिकता से जोड़ा है। यह वक्ता की विशेषता ही कही जाएगी कि उसने श्रीराम की मर्यादा का तड़का लगाते हुए संपूर्ण सामाजिक व राजनीतिक व्यवस्था को केंद्र में ला दिया। इससे वक्ता को आधुनिक सामाजिक व राजनीतिक बुराइयों पर प्रहार करने का अवसर मिलेगा। नतीजतन तालियाँ बरसने लगेंगी और वक्ता ने जो चाहा, उसे मिल गया।

श्रीराम की ओट लेकर आधुनिक राजनीति। समाज और अर्थनीति की आलोचना श्रोता को सत्य और प्रिय लगती है। वर्तमान राजनीतिक और सामाजिक संदर्भों में जब आतंकवादियों, लंपटों और भ्रष्टों को निशाचरों की संज्ञा दी जाती है तो श्रोता अभिभूत हो जाता है। यह वक्ता की श्रेष्ठतम उपलब्धि है। प्रबुद्ध वक्ता वही है, जो कथा रस की सृष्टि करते हुए समस्याओं की प्रस्तुति, विश्लेषण और निदान बड़े तार्किक ढंग से कर सके। वैसे भी, भारतीय जनमानस कथा प्रवाह सरीखे भाषण से जितना आनंदित होता है, उसकी तो मिसाल मिलना मुश्किल है। भाषा के मामले में भी वक्ता को मध्यम मार्ग अपनाना चाहिए और प्रसंगानुकूल भाषा का प्रयोग करना चाहिए। धार्मिक व राजनीतिक प्रसंगों को उनके अनुरूप भाषा देकर ही श्रोता को रिझाया जा सकता है। आमतौर पर भाषण सत्ता की कलई खोलने, अपराध, भ्रष्टाचार, लालफीताशाही और बिचौलियों के खेलों के गिर्द घूमते हैं; लेकिन इनके प्रति वितृष्णा तभी जाग्रत् होगी, जब वक्ता के शब्द प्रहार करने सरीखे होंगे।

भाजपा के पुरोधा अटल बिहारी वाजपेयी ने विशिष्ट विभूतियों के साथ अपनी चर्चा, आत्मीय मित्रों के साथ बिताए गए क्षण तथा यात्रा वृत्तांतों का भाषण के दौरान श्रोताओं को रिझाने में भरपूर दोहन किया है। विद्वज्जनों की मानें तो संघर्ष और स्मृतियाँ भाषण को सुरुचिपूर्ण बना देती हैं। जब आत्मकवच की बात होती है तो श्रोताओं को यह सुनना अत्यंत रोचक लगता है कि जीवन के विभिन्न पड़ावों में घटना विशेष के दौरान उनकी भूमिका कैसी रही। इससे श्रोताओं में भी उनका अनुगमन करने की भावना उत्पन्न होती है।

श्रोता की आकांक्षा होती है कि वक्ता अपनी खास पहचान और स्पष्ट प्रतिबद्धता के विचार उसके सामने रखे। भटकाव से गुजर चुका और जीवन के प्रत्येक क्षेत्र में विसंगतियों को झेल चुका श्रोता पूँजीवादी सामाजिक

व्यवस्था के विभिन्न पक्षों पर भारतीय संदर्भ, अनुभवों और जरूरतों से जुड़े विचारों की परोसगारी चाहता है। श्रोता अपना ज्ञान बढ़ाने के मामले में अति उत्साही होता है और सभाओं व आयोजनों में शिरकत का उसका मूल अभिप्राय यही होता है। इसलिए वह मार्क्सवाद, गांधीवादी मूल्यों, मान्यताओं, लोकतांत्रिक समाजवादी विचारधारा, विकेंद्रीकृत विकास, कृषि नीति, यहाँ तक कि राजनीतिक उठा-पटक आदि सबके बारे में जानना चाहता है। ऐसे मुद्दों को लेकर जब भी जो कुछ कहा जाए, उसमें श्रोता की उत्सुकता को बढ़ाने के तत्त्वों का समावेश करते हुए आधी-अधूरी चर्चा की अपेक्षा उचित होगा कि संक्षिप्त चर्चा कर ली जाए; किंतु यह संक्षेप सार-संक्षेप होना चाहिए।

आज शिक्षा जिस ओर जा रही है, उसके बारे में कहने को अनंत है। श्रोताओं का बड़ा वर्ग इस मुद्दे को लेकर बेहद उद्वेलित है, क्योंकि शिक्षा एक सामाजिक प्रक्रिया है; किंतु देश का एक शक्तिशाली वर्ग अपने हितों को संरक्षित रखने के लिए शिक्षा का सदैव इस्तेमाल करता आया है। कम-से-कम मध्य वर्गीय समुदाय में इस बात को लेकर काफी बेचैनी है कि आखिर ऐसा क्यों कर हुआ कि जो शिक्षा कम खर्चीली, सहज, लचीली और पूरी तरह व्यावहारिक थी, फिर इतनी जटिल और महँगी कैसे हो गई?

शैक्षिक विषय पर जब भी कुछ कहा जाए, वक्ता को चाहिए कि सरकारी, अर्द्ध-सरकारी और गैर-सरकारी सूत्रों से प्राप्त विवरणों को आधार बनाया जाए। उन कारणों को श्रोता के सामने रखना चाहिए, जिनके रहते आज प्राथमिक शिक्षा सर्वसुखाय नहीं रह गई है। वक्ता के भाषण में ओज तभी उत्पन्न होगा जब वह शिक्षा विषयक पाखंडों से श्रोता को रू-बरू कराए और उन अदृश्य ताकतों को बेनकाब करे, जो जनहित की आड़ लेकर अपने स्वार्थों की पूर्ति की खातिर शिक्षा की नीति को बदलते रहते हैं।

□

14

दिमाग से सक्रियता, दिल से संतुलन

वाक्‌कला सृजन के सामर्थ्य से जुड़ी है। इसलिए इस पर किसी व्यक्ति विशेष या वर्ग विशेष का एकाधिकार नहीं हो सकता। इस प्रकार की क्षमता जन्मजात भी हो सकती है; किंतु इसमें निखार तराशने के बाद ही आता है। इसलिए यह कहना ज्यादा उचित होगा कि जन्मजात प्रतिभावाले लोग वाक्-कौशल में जल्दी पारंगत हो सकते हैं। दरअसल किसी भी शिल्प में प्रवीण होने के लिए वंश, परिवार या विशेष धर्म का होना आवश्यक नहीं है; क्योंकि सृजन अपने आप में एक धर्म होता है और उसकी अपनी बिरादरी होती है। इसलिए वक्ता के बारे में यह कहना गलत नहीं होगा कि वह व्यक्ति अपना दृष्टिकोण प्रस्तुत कर रहा है, जो उसके पहले भी अभिव्यक्त हुआ है और आगे भी होता रहेगा। दरअसल वाक्-कौशल की संपन्नता सक्रियता, सृजनशीलता व निरंतर अभ्यास पर निर्भर करती है। श्रोता वक्ता की टुकड़ों में कही गई बात को क्यों ज्यादा तवज्जो देता है? क्योंकि श्रोता वक्ता के साथ तादात्म्य स्थापित करने के लिए ठहराव चाहता है।

वक्ता अगर मंच पर आत्मविश्वास से परिपूर्ण होता है तो इसका अर्थ होगा कि वक्ता ने अपने अभ्यास से इस तरह का सामर्थ्य उत्पन्न कर लिया है कि वह अलग-अलग मिजाज, रुचियों और रुझान के बावजूद श्रोताओं को जोड़े हुए है। वाक्-कौशल की समृद्धता के पीछे दिल व दिमाग की एकात्मकता रहती है। हालाँकि कहा जाता है कि दिल व दिमाग में द्वंद्व रहता है। अनेक लोग दिल को दिमाग पर तरजीह देते हैं; लेकिन सत्य तो यह है कि सारी माया एक ही जगह उपजती है, तभी वक्ता पूरे आत्मविश्वास के साथ बोल सकता है। लोकप्रिय धारणाएँ सदियों के अनुभव का नतीजा हैं। दिमाग ही है, जो सराहना से प्रफुल्ल भाव उत्पन्न करता है और अहंकार में लोगों को हेय

समझने लगता है; लेकिन दिल इन अनर्थकारी प्रवृत्तियों को नियंत्रित कर लेता है। वक्ता दिमाग से सक्रिय होता है तो दिल से संतुलन साधता है। इसलिए कहा जाता है कि दिमाग एक विराट् संसार है, जिसमें सहस्र ब्रह्मांड समाए हैं। इसकी सक्रियता ही वाणी को मुखर बनाती है।

मनुष्य के सनातन स्वभाव की बात करें तो 'मानव स्वभाव निरंकुश सत्ता के सामने दंडवत् करने का है। स्वतंत्र विचार शैली और नैतिकता का निर्वाह कठोर निरंकुश संस्थाएँ सहन नहीं कर पातीं', लेकिन यह काम सक्षम वक्ता द्वारा हो सकता है। हड़ताल, दंगों और आगजनी की घटनाओं के समय दर्जनों इलेक्ट्रॉनिक मीडियावाले चित्र लेते हैं, किंतु हिंसा रोकने का कोई प्रयास कोई नहीं करता। एक सिरफिरा सबके सामने अपने शरीर पर पेट्रोल डालता है और चीख-चीखकर इसकी वजह बयान करता है, लेकिन तमाशबीन और मीडिया के लोग उसे बचाने का प्रयास नहीं करते। एक प्रभावी और बुलंद आवाजवाला व्यक्ति यह काम कर सकता है। केवल समर्थ और बुद्धिजीवी वक्ता ऐसा होता है, जो निरंकुश व्यवस्था के बावजूद विवेक और नैतिकता को नहीं खोता। महात्मा गांधी ने सन् 1916 में काशी हिंदू विश्वविद्यालय में कहा था कि 'अत्याचारी लोगों को नियंत्रित करने का काम एक ओजपूर्ण और गगन गंभीर आवाज ही कर सकती है।'

आज विज्ञापन फिल्मों की अप्रतिम सफलता का कारण खोजें तो यह बात चकित करनेवाली होगी कि उत्पाद लोकप्रिय बनाने में वक्तृत्व कला ही महत्त्वपूर्ण सिद्ध हो रही है। आखिर लोगों को प्रभावित करने वाले तथा उन्हें रिझानेवाले संवाद वाक्-कौशल में प्रवीण लोग ही गढ़ते हैं। इसलिए कहना गलत नहीं होता कि बाजार युग के सामाजिक परिवर्तन के संकेत फिल्मों से अधिक विज्ञापन फिल्मों में नजर आते हैं।

वाक् कौशल सृजन के क्षेत्र में अद्भुत सामर्थ्य उत्पन्न करता है; किंतु यदि वह आत्मकेंद्रित हो जाए अथवा अहंकार से प्रेरित होकर सृजन करने लगे तो उनकी भीतरी दुनिया अंधकारमय हो सकती है।

साहिर लुधियानवी एक महान् शायर थे। उन्हें घर पर रोज दरबार सजाने का शौक था। उन्होंने मासिक वेतन पर एक आदमी भी रख रखा था, जो हर उभरते शायर का मज़ाक उड़ाता था और साहिर समझाइश की मुद्रा में नाटकीय स्थिति का मजा लेते थे। इसलिए कहना गलत नहीं होगा कि सृजनशील व्यक्तियों को दौरे पड़ते हैं। उन्हें बच पाना कितना जरूरी है।

वक्ता की दुनिया तो एकांगी सोच की होती है, किंतु उसे अपना चिंतन दुनिया भर में बाँटना होता है। इसलिए उसे प्रत्येक संदर्भ में सापेक्ष दृष्टि से विचार करना चहिए। दुनियावी अनुभवों से वक्ता का मानसिक विकास होता है और विभिन्न भूमिकाएँ उसे बेहतर-से-बेहतर करने की शक्ति प्रदान करती हैं। कुल मिलाकर विषय और माहौल का समग्र प्रभाव तभी असरदार होता है जब वक्ता का मंतव्य भी स्पष्ट हो। वक्ता को याद रखना चाहिए कि श्रोता एक ही समय में जुदा-जुदा जनसभाओं में वक्ता को सुनता है। इस स्थिति में श्रोता की पाचन-शक्ति वक्ता से कहीं ज्यादा होती है। ऐसे में वक्ता को इतना विलक्षण होना चाहिए कि पूरा श्रोता समुदाय उसके मोहपाश में बँध जाए।

आज का युग पैकेजिंग का है। इस पर बहुत मेहनत की जा रही है। यह बाजार का खेल है, जिसमें सर्वाधिक महत्त्वपूर्ण योगदान श्रोता का होता है; क्योंकि श्रोता वक्ता से जो ग्रहण करता है, वह उसके व्यक्तित्व से प्रभावित होकर करता है। वक्ता के विचारों की श्रेष्ठता के बावजूद उसकी शख्सियत को भी 'आइकन' के रूप में ग्रहण करना चाहता है। लेकिन श्रोता को याद रखना चाहिए कि श्रोता यदि वक्ता को 'आइकन' के रूप में देखना चाहता है तो वह 'सिलेक्टिव' भी रहना चाहेगा।

स्वतंत्र सोचवाला श्रोता हमेशा भीड़ से अलग नजर आएगा। इसलिए हो सकता है कि लोकतांत्रिक व्यवस्था को तोड़ने जैसी बातें करना संविधान की धज्जियाँ उड़ाना और समानांतर शक्ति-पुंज बनने की पैकेजिंग सरीखी चेष्टा से उसमें लोकप्रिय बनने की अभिलाषा जाग्रत् हो। किंतु स्वतंत्र सोचवाला श्रोता शायद ही इसे पसंद करे। अगर वक्ता को लंबी पारी खेलने की चाहत है तो उसे टिके रहने का गणित भी समझना चाहिए; क्योंकि लंबी पारी का लाभ यह है कि उसमें अवसर बनते रहते हैं। प्रत्येक का अपने क्षेत्र में शिखर पुरुष रहना संभव नहीं है; किंतु श्रेष्ठतम बने रहना जरूर अपने प्रयासों से संभव है। यह भी सोच दोषपूर्ण है कि असाधारण को तो महिमा-मंडित करें, जबकि साधारण को भूल जाएँ। आज अपसंस्कृति के विकास से लोग टेलीविजन पर भीड़ का हिस्सा बन जाते हैं और भीड़ की ताकत से लोकप्रिय होकर शक्ति का केंद्र बन जाते हैं; किंतु सजग वक्ता को स्मरण रखना चाहिए कि इस तरह का प्रयास आडंबर के सिवा कुछ नहीं—और आडंबर से क्षणिक सफलता तो मिल जाती है, किंतु उसमें स्थायित्व नहीं आता।

अच्छे वक्ता का कौशल इस बात पर टिका होना चाहए कि उसका

श्रोता उससे दूर नहीं चला जाए। कहावत है कि श्रोता का मन मानसरोवर झील की तरह होता है, जो सूर्य की किरणों की तरह बदलते दृष्टिकोण के कारण मन रूपी पानी में अलग-अलग रंग होने का भ्रम उत्पन्न करता है।

क्या यह संभव है कि कोई कथा वाचक श्रोताओं की इच्छा पर कथा को छोड़ दे? क्या यह संभव है कि अधिकतम श्रोताओं की इच्छा के अनुरूप कोई कथा वाचक रामायण की कथा इस प्रकार सुनाए कि सीता को रावण अच्छा लगने लगा था? कहने का तात्पर्य है कि वक्ता का अपना विवेक सर्वोपरि होता है, चाहे वह राजनीतिक सभा हो, सामाजिक समारोह, कथावाचन अथवा कोचिंग क्लास, वक्ता को अपने तर्क और पसंद के अनुरूप जीवन में एक दृष्टिकोण तय करना होता है। कोई कथावाचक संजय नहीं हो सकता कि कुरुक्षेत्र का जस-का-तस वर्णन नेत्रहीन धृतराष्ट्र को सुनाए। अच्छा वक्ता वही है, जो अधिकतम श्रोताओं को अपने पक्ष में ले सके।

आज कथावाचकों और वक्ताओं की दृष्टि से भारत में अनंत संभावनाएँ हैं। आय के नए स्रोत खुले हैं तो प्रतिद्वंद्विता भी बढ़ी है। बाजार और विज्ञापन के इस युग में वक्ता की महत्ता होती है। उद्घाटन से लेकर चुनाव और ब्रांड के प्रचार में भी वाक्-शक्ति का अनुपम खेल होता है। आज केवल शब्दों की जादूगरी से काम नहीं चलता, कुछ तमाशा भी रचना पड़ता है, क्योंकि आवाम अब अनुभवी तमाशबीन बन चुकी है। देखा जाए तो आज के दौर में स्वतंत्र विचार प्रक्रिया और तर्क को बनाए रखना आसान नहीं है; क्योंकि भीड़ का रसायन प्राइवेसी के क्षणों में अलग होता है। भीड़ के बीच अपने तर्क और विवेक के साथ अलग होना आसान काम नहीं है। भीड़ को भड़काया भी जा सकता है। इसलिए वक्ता में इसका लाभ लेने का सामर्थ्य होना चहिए। यह एक कटु सत्य है कि बुढ़ाता वक्ता ही है, श्रोता हमेशा जवान रहता है। यही वजह है कि अवाम हमेशा वक्ता में महानायक की तलाश करता है, क्योंकि उसके अवचेतन में अवतारवाद समाया होता है और अवतार से चमत्कार की आशा करना स्वाभाविक है।

'ऐपल' के संस्थापक स्व. स्टीव जॉब्स के भाषण में दिल और दिमाग के सभी तत्त्वों को पाया जा सकता है; यथा–

तीन कहानियाँ

दुनिया के सर्वश्रेष्ठ विश्वविद्यालयों में से एक में आपके साथ होने पर

मैं स्वयं को गौरवान्वित महसूस करता हूँ। मैंने कॉलेज की पढ़ाई कभी पूरी नहीं की और यह बात कॉलेज की ग्रेजुएशन संबंधी पढ़ाई को लेकर सबसे सच्ची बात है। आज मैं आपको अपने जीवन की तीन कहानियाँ सुनाना चाहता हूँ; कोई बड़ी बात नहीं, केवल तीन कहानियाँ।

इनमें से पहली कहानी शुरू होती है। रीड कॉलेज में आरंभिक छह महीनों के बाद ही मैं बाहर आ गया था। करीब 18 और महीनों तक मैं इसमें किसी तरह बना रहा, लेकिन बाद में वास्तव में मैंने पढ़ाई छोड़ दी। पैदा होने से पहले ही मेरी पढ़ाई की तैयारियाँ शुरू हो गई थीं। मेरी जन्मदात्री माँ एक युवा, अविवाहिता कॉलेज ग्रेजुएट छात्रा थीं और उन्होंने मुझे किसी को गोद देने का फैसला किया।

वे बड़ी शिद्दत से महसूस करती थीं कि मुझे गोद लेनेवाले कॉलेज ग्रेजुएट हों। इसलिए जन्म से पहले ही तय हो गया था कि एक वकील और उनकी पत्नी मुझे गोद लेंगे। पर जब मैं पैदा हो गया तो उन्होंने महसूस किया था कि वे एक लड़की चाहते थे, इसलिए उसके बाद प्रतीक्षारत मेरे माता-पिता को आधी रात को फोन पहुँचा।

उनसे पूछा गया कि हमारे पास एक लड़का है, क्या वे उसे गोद लेना चाहेंगे? उन्होंने जवाब दिया, 'हाँ।' मेरी जैविक माता को जब पता चला कि वे जिस माँ को मुझे गोद देने जा रही थीं, उन्होंने कभी कॉलेज की पढ़ाई नहीं की है और मेरे भावी पिता हाई स्कूल पास भी नहीं थे तो उन्होंने गोद देने के कागजों पर हस्ताक्षर करने से मना कर दिया और इसके कुछ महीनों बाद वे तभी इस बात के लिए तैयार हुईं कि जब मेरे माता-पिता ने उनसे वायदा किया कि वे एक दिन मुझे कॉलेज पढ़ाने के लिए भेजेंगे।

सत्रह वर्षों बाद मैं कॉलेज पढ़ने गया, लेकिन जान-बूझकर ऐसा महँगा कॉलेज चुना, जो कि स्टेनफोर्ड जैसा ही महँगा था और मेरे कामगार श्रेणी के माता-पिता की सारी बचत कॉलेज की ट्यूशन फीस पर खर्च होने लगी।

छह महीने बाद मुझे लगने लगा कि इसकी कोई कीमत नहीं है; पर मुझे यह भी पता नहीं था कि मुझे जिंदगी में करना क्या है और इस बात का तो और भी पता नहीं था कि इससे कॉलेज की पढ़ाई में कैसे मदद मिलेगी। लेकिन मैंने अपने माता-पिता के जीवन की सारी कमाई को खर्च कर दिया था। इसलिए मैंने कॉलेज छोड़ने का फैसला किया और भरोसा रखा कि इससे सबकुछ ठीक हो जाएगा।

हालाँकि शुरू में यह विचार डरावना था, लेकिन बाद में यह मेरे सबसे अच्छे फैसलों में से एक रहा। कॉलेज छोड़ने के बाद मैंने उन कक्षाओं में प्रवेश लेना शुरू किया, जो कि मनोरंजक लगती थीं।

उस समय मेरे पास सोने का कमरा भी नहीं था, इसलिए मैं अपने दोस्तों के कमरों के फर्श पर सोया करता था। कोक की बोतलें इकट्ठा कर खाने का इंतजाम करता और हरे कृष्ण मंदिर में अच्छा खाना खाने के लिए प्रत्येक रविवार की रात 7 मील पैदल चलकर जाता। पर बाद में अपनी उत्सुकता और पूर्वाभास को मैंने अमूल्य पाया।

उस समय रीड कॉलेज में देश में कैलीग्राफी की सबसे अच्छी शिक्षा दी जाती थी। उस कॉलेज के परिसर में लगे पोस्टर, प्रत्येक ड्रावर पर लगा लेबल खूबसूरती से कैलीग्राफ्ड होता था। चूँकि मैं पहले ही कॉलेज की पढ़ाई छोड़ चुका था और अन्य कक्षाओं में मुझे जाना नहीं था, इसलिए मैंने कैलीग्राफी कक्षा में प्रवेश ले लिया।

वहाँ रहते हुए मैंने विभिन्न टाइपफेसों की बारीकियाँ जानीं और महसूस किया कि यह किसी भी साइंस की तुलना में अधिक सुंदर और आकर्षक है। हालाँकि इन बातों के मेरे जीवन में किसी तरह के व्यावहारिक उपयोग की कोई संभावना नहीं थी; लेकिन दस वर्षों के बाद मैकिंतोश के पहले कंप्यूटर को डिजाइन करते समय हमने अपना सारा ज्ञान इसमें उड़ेल दिया। यह पहला कंप्यूटर था, जिसमें सुंदर टाइपोग्राफी थी।

अगर मैंने इस कोर्स को नहीं किया होता तो मैक का मल्टीपल टाइपफेस इतना सुंदर नहीं होता। और चूँकि विंडोज ने मैक की नकल की, इसलिए यही संभावना थी कि किसी भी पर्सनल कंप्यूटर में यह बात नहीं होती। अगर मैंने कॉलेज नहीं छोड़ा होता तो कैलीग्राफी क्लास में नहीं गया होता और पर्सनल कंप्यूटरों में उतनी सुंदर टाइपोग्राफी नहीं होती जितनी है।

जब मैं कॉलेज में था तो जीवन में आगे बढ़ने की ऐसी किसी संभावना को नहीं देख पाता; लेकिन दस साल बाद बिलकुल स्पष्ट दिखाई देती थी। आमतौर पर आप भविष्य में पूर्वानुमान लगाकर आगे नहीं बढ़ सकते हैं और आप इस तरह के कदमों को अतीत से ही जोड़कर देख सकते हैं। इसलिए आपको भरोसा रखना होगा कि ये संकेत आपको भविष्य में मददगार साबित होंगे। इन्हें आप साहस, भाग्य, जीवन, कर्म या कोई भी नाम दें; लेकिन मेरे जीवन में इस प्रयोग ने कभी निराश नहीं किया और इससे मेरे जीवन में सभी

महत्त्वपूर्ण बदलाव आए हैं।

मेरी दूसरी कहानी प्यार और पराजय के बारे में है। मैं भाग्यशाली था कि जीवन में मुझे जो कुछ करना था, उसकी जानकारी मुझे काफी पहले मिल गई थी। वोज और मैंने ऐपल को अपने माता-पिता के गैराज में शुरू किया था और तब मैं 20 वर्ष का था।

कड़ी मेहनत से दस वर्षों में ऐपल मात्र दो लोगों की कंपनी से 2 अरब डॉलर की 4,000 कर्मचारियों से अधिक की कंपनी बन गई। तब हमने अपना सबसे अच्छा उत्पाद 'मैकिंतोश' जारी किया था। उस समय एक वर्ष पहले मैंने 30वीं सालगिरह मनाई थी और इसके बाद ही मुझे कंपनी से निकाल दिया गया।

जब कंपनी आपने ही शुरू की हो तो कैसे आपको इससे निकाला जा सकता है? जैसे-जैसे ऐपल बढ़ती गई, मैंने अपने से ज्यादा प्रतिभाशाली व्यक्ति को कंपनी चलाने के लिए रखा। एक साल तक सबकुछ ठीक चलता रहा, लेकिन बाद में भविष्य की योजनाओं को लेकर मतभेद होते गए और अंत में विवाद हो गया।

हमारे विवाद के बाद बोर्ड ऑफ डायरेक्टर्स ने उसका पक्ष लिया और मैं 30 वर्ष की उम्र में कंपनी से बाहर हो गया। अपने वयस्क जीवन में मैंने जिस पर अपना सबकुछ लगा दिया था, वह जा चुका था और यह बहुत निराशाजनक बात थी।

इसके बाद कुछ महीनों तक तो मुझे नहीं सूझा कि क्या करूँ? मुझे लगा कि मैंने पहली पीढ़ी के उद्यमियों को निराश किया और जब बैटन मेरे हाथ में आने वाला था, तब मैंने इसे गिरा दिया।

मैं डेविड पैकर्ड व बॉब नॉयस से मिला और उनसे अपने व्यवहार के लिए माफी माँगने का प्रयास किया। उस समय मैंने कैलिफोर्निया से ही भागने का मन बनाया, लेकिन धीरे-धीरे कुछ बातें मेरी समझ में आने लगीं और मुझे वही सबकुछ अच्छा लगने लगा था, जो कि कभी अच्छा नहीं लगता था। हालाँकि इस बीच ऐपल में थोड़ा-बहुत भी बदलाव नहीं आया था, इसलिए मैंने सबकुछ नए सिरे से शुरू करने का फैसला किया।

उस समय यह बात मेरी समझ में नहीं आई, लेकिन बाद में लगा कि ऐपल से हटा दिया जाना ऐसी सबसे अच्छी बात थी जो कि मेरे लिए कभी हो सकती थी। सफल होने का बोझ फिर से खाली होने के भाव से भर गया और

मैंने जीवन के सबसे अधिक रचनात्मक दौर में प्रवेश किया।

अगले पाँच वर्षों के दौरान मैंने कंपनी 'नेक्स्ट' व 'पिक्सर' शुरू कीं और मुझे एक सुंदर महिला से प्यार हुआ, जो कि मेरी पत्नी बनी। पिक्सर ने दुनिया की सबसे पहली कंप्यूटर एनीमेटेड फीचर फिल्म 'टॉय स्टोरी' बनाई और अब यह दुनिया का सबसे सफल एनीमेशन स्टूडियो है।

एक असाधारण घटना के तहत ऐपल ने 'नेक्स्ट' को खरीद लिया और मैं फिर ऐपल में वापस आ गया। हमने नेक्स्ट में जो तकनीक विकसित की, वह ऐपल के वर्तमान पुनर्जीवन की आधारशिला है। इसी के साथ ही लॉरिन और मेरा परिवार भी बढ़ा।

यह बात मैं सुनिश्चित तौर पर मानता हूँ कि अगर मुझे ऐपल से हटाया नहीं जाता तो ऐसा कुछ भी नहीं हो रहा होता। यह एक स्वाद में बुरी दवा थी, लेकिन मरीज को इसकी सख्त जरूरत थी। कभी-कभी आपको जीवन में ठोकरें भी खानी पड़ती हैं; लेकिन हिम्मत न हारें।

मुझे विश्वास है कि जिस चीज ने मुझे लगातार क्रियाशील बनाए रखा था, वह अपने काम के प्रति मेरा प्यार था। आपको जीवन में यह पता लगाना होता है कि आप किस काम से प्यार करते हैं। यह बात काम को लेकर भी उतनी ही सच है जितनी कि जीवन में प्रेमी-प्रेमिकाओं को लेकर होती है।

आपका काम एक ऐसी चीज है, जो कि आपके जीवन के एक बड़े खाली हिस्से को भरता है। महान् काम करने की एकमात्र शर्त यही है कि आप अपने काम से प्यार करें। अगर आपको इसका पता नहीं है तो पता लगाते रहिए। दिल के सारे मामलों में आपको पता लगेगा कि यह आपको कब मिलेगा। जैसे-जैसे समय निकलता जाता है, इसके साथ आपका रिश्ता बेहतर होता चला जाता है। इसलिए रुकें नहीं, इसकी खोज करते रहें।

मेरी तीसरी कहानी मौत के बारे में है। जब मैं 17 वर्ष का था, तब मैंने एक कथन पढ़ा था, जो कुछ इस प्रकार था-अगर आप अपने जीवन के प्रत्येक दिन को अंतिम दिन मानकर जीते हैं तो किसी दिन आप निश्चित तौर पर सही सिद्ध होंगे।

इसका मुझ पर असर पड़ा और जीवन के पिछले 33 वर्षों में मैंने प्रत्येक दिन शीशे में अपने आप को देखा और अपने आपसे पूछा कि अगर यह जीवन का आखिरी दिन हो तो क्या मैं वह सब करूँगा जो कि मुझे आज करना है? और जब कई दिनों तक इस प्रश्न का उत्तर नकारात्मक रहा तो मुझे पता लगा

कि मुझे कुछ बदलने की जरूरत है।

अपने जीवन के सबसे बड़े फैसलों को करते समय मैंने अपनी मौत के विचार को सबसे महत्त्वपूर्ण औजार बनाया, क्योंकि मौत के सामने सभी बाहरी प्रत्याशाएँ, सारा घमंड, असफलता या व्याकुलता का डर समाप्त हो जाता है और जो कुछ वास्तविक रूप से महत्त्वपूर्ण है, वह बचा रह जाता है।

मैं सोचता हूँ कि जब आप याद रखते हैं कि आप मरने वाले हैं तो आपका सारा भय समाप्त हो जाता है कि आप कुछ खोने वाले हैं। जब पहले से ही आपके पास कुछ नहीं है तो क्यों न अपने दिल की बात मानें।

करीब एक वर्ष पहले मेरा कैंसर का इलाज हुआ। सुबह 7.30 बजे स्कैन किया गया और इसमें स्पष्ट रूप से पता लगा कि मेरे पैंक्रियाज में एक ट्यूमर है। मुझे पता नहीं था कि पैंक्रियाज कैसा होता है।

डॉक्टरों ने मुझे बताया कि यह एक प्रकार का कैंसर है, जो कि असाध्य है और मैं तीन से छह माह तक ही जीवित रहूँगा। मेरे डॉक्टर ने सलाह दी कि मैं अपने अधूरे कामकाज निपटाऊँ। डॉक्टर ने कहा कि अपने बच्चों को जो आप दस साल में बताने वाले हैं, उन बातों को कुछेक महीनों में बताएँ। इसका अर्थ है कि पहले से तैयार हो जाएँ, ताकि आपके परिवार के लिए सभी कुछ सहज रहे। इसका अर्थ है कि आप अंतिम विदा लेने की तैयारी कर लें।

पर डॉक्टरों ने अपने परीक्षणों में पाया कि मैं ऐसे कैंसर से पीड़ित हूँ, जो कि ऑपरेशन से ठीक किया जा सकता है। मेरा ऑपरेशन किया गया और अब मैं पूरी तरह से ठीक हूँ। यह मौत के सबसे करीब होने का अनुभव था और मैं उम्मीद करता हूँ कि इस अनुभव के बाद मैं कुछेक दशक तक और जी सकता हूँ।

मैं आपसे कह सकता हूँ कि जब मौत उपयोगी हो, तब इसके करीब होने का विचार पूरी तरह से एक बौद्धिक विचार है। मरना कोई नहीं चाहता। जो लोग स्वर्ग जाना चाहते हैं, वे भी मरना नहीं चाहते; लेकिन यह ऐसा गंतव्य है, जहाँ हम सबको पहुँचना ही है। कोई भी इससे नहीं बचा है और इसे जीवन की सबसे अच्छी खोज होना चाहिए। जीवन बदलाव का कारक है और पुराने के स्थान पर नया स्थान लेता है। आप लोग भी बूढ़े होंगे और इसके बाद की स्थिति से भी गुजरेंगे।

आपका समय सीमित है, इसलिए इसे ऐसे नहीं जिएँ जैसे कि किसी और का जीवन जी रहे हों। दूसरे लोगों की सोच के परिणामों से प्रभावित न

हों और दूसरों के विचारों के बजाय अपने विचारों को महत्त्व दें। और सबसे महत्त्वपूर्ण बात है कि आप अपने दिल की बात सुनें। आपके दिलोदिमाग को पहले से ही अच्छी तरह पता है कि आप वास्तव में क्या बनना चाहते हैं।

जब मैं युवा था तब एक आश्चर्यजनक प्रकाशन 'द होल अर्थ कैटलॉग' बिकता था, जो कि मेरी पीढ़ी के लिए एक महत्त्वपूर्ण पुस्तक थी। इसे मेनलो पार्क में रहनेवाले एक व्यक्ति स्टुअर्ट ब्रांड ने प्रकाशित किया था। यह '60 के दशक के अंतिम वर्षों की बात थी और तब पर्सनल कंप्यूटर और डेस्कटॉप प्रकाशन नहीं थे; लेकिन तब भी यह गूगल का पेपरबैक संस्करण था। स्टुअर्ट और उसकी टीम ने इस पुस्तक के कई संस्करण निकाले और जब इसका समय पूरा हो गया तो इसने अंतिम संस्करण निकाला। '70 के दशक के मध्य में यह अंक निकाला गया था और तब मैं आपकी उम्र का था।

उस पुस्तक के अंतिम पन्ने पर सुबह की एक तसवीर थी, जिसमें एक ग्रामीण इलाका दरशाया गया था। उस तसवीर के नीचे शब्द लिखे थे–'स्टे हंग्री, स्टे फुलिश।' यह उनका विदाई संदेश था और मैंने अपने जीवन में हमेशा इसे अपनाया और उम्मीद करता हूँ कि आप भी ऐसा ही करेंगे–स्टे हंग्री, स्टे फुलिश। (स्टीव जॉब्स, संस्थापक : ऐपल)

□

15

भाव-भंगिमा और तन्मयता

तन्मयता वक्ता का विशिष्ट गुण होता है। जिस तरह आधे-अधूरे मन से कोई भी व्यक्ति किसी कार्य में संलिप्त नहीं हो सकता, उसकी अन्यमनस्कता उसके लिए सभी दरवाजे बंद कर देती है। इसके विपरीत तन्मयता से क्षमता का विकास होता है। ज्ञातव्य है कि वक्ता अपनी विचारधारा से श्रोता को प्रभावित करता है। ऐसी विचारधारा तन्मयता से ही उत्पन्न होती है, तभी वक्ता को समादृत करनेवालों की संख्या बढ़ती है।

अटल बिहारी वाजपेयी और प्रमोद महाजन सरीखे राजनेता और श्री श्री रविशंकर व मोरारी बापू सरीखे संतों के प्रति आस्था रखनेवालों की संख्या क्यों बेहिसाब बढ़ी? तन्मयता वक्ता का वह अनुपम गुण है, जो उसे धीर-गंभीर चिंतक के रूप में प्रतिष्ठित करता है। विचारों और कार्यों के समन्वय से उपजी प्रतिभा तन्मयता का ही सुफल है। इसे चमत्कार की संज्ञा देना गलत नहीं होगा।

वक्ता यदि कोई सिद्धांत प्रतिपादित करता है तो इसके लिए उसकी तन्मयता ही उसे प्रेरित करती है। वक्ता चूँकि मार्गदर्शक की भूमिका निर्वाह करता है, इसलिए उसे इस बात के लिए सदैव सतर्क रहना चाहिए कि उसकी कथनी और करनी में कहीं कोई अंतर नहीं रहे। श्रोता के मन-मस्तिष्क पर वक्ता की यही छाप उसे निर्दिष्ट दिशा में चलने के लिए प्रेरित कर सकती है। वक्ता की यह प्रामाणिकता तन्मयता से ही उत्पन्न होती है और इसकी प्रामाणिकता शब्दों में पिरोकर ही दी जा सकती है। वक्ता के वाक्-कौशल से श्रोता प्रभावित होता है, किंतु उसके प्रति जिज्ञासा जगाने का काम कैसे हो, यह बात तो भाषण के दौरान ही समझ में आ सकती है। इस स्थिति में वक्ता को व्यवस्थित रणनीति बनाकर चलना चाहिए। इस रणनीति के तहत वक्ता

का कोई अंतरंग और विश्वसनीय साथी मंच संचालक के रूप में होना चाहिए, जो वक्ता के व्यक्तित्व और कृतित्व का खाका इस प्रकार से खींचें, ताकि श्रोता सुनने से पहले ही जिज्ञासु बन जाए। वक्ता के प्रति इस तरह का आस्था भाव उत्पन्न करना भले ही मार्केटिंग की श्रेणी में आता हो, किंतु निस्संदेह इस तरह की 'इमेज बिल्डिंग' लोगों में वक्ता के प्रति गहरी उत्सुकता और श्रद्धा भाव उत्पन्न करती है। वक्ता के अनूठे वाक्-कौशल और सम्मोहन जगाने की क्षमता से तो श्रोता का साक्षात् बाद में होता है, किंतु इससे पहले उसे 'कद्दावर' बनाने का काम तो प्रभावोत्पादक प्रामाणिकता से ही होता है।

कथा वाचक में ऐसी क्या चमत्कारिक सिद्धि होती है कि वह अपने वाक्-कौशल से विभिन्न पौराणिक प्रसंगों को शाब्दिक कुशलता से जीवंत कर श्रद्धालुओं को नाचने को प्रेरित कर देता है। यह एक प्रकार का अभिनय कौशल है, जिसके बूते वक्ता अंग संचालन के द्वारा श्रोताओं को भाव-विभोर कर देता है। किंतु आवश्यक है कि वक्ता का यह अभिनय श्रोता को वास्तविक नजर आए। प्रसंग के अनुरूप भाव-विह्वल हो जाना, पीड़ा उजागर करना अथवा अवसादग्रस्त होना श्रोता को वक्ता के साथ भावुकता से जोड़ देता है।

वक्ता की विषय के प्रति तन्मयता भी इन्हीं भाव-भंगिमाओं से प्रकट होती है। परदु:ख-कातर होना, आवेश में आना अधवा खिन्नता प्रकट करना शारीरिक भावाभिव्यक्ति से ज्यादा असर डालता है। मन:स्थिति और परिस्थिति के अनुरूप अभिव्यक्ति किस तरह प्रकट करनी है, यह बात वक्ता को अभ्यास के दौरान ही समझ लेनी चाहिए। इस तरह की भावाभिव्यक्ति से ही कार्टूनिस्टों को नेताओं के कार्टून बनाने की प्रेरणा मिलती है। नृत्य कौशल क्या है? नाटिकाओं की प्रभावी प्रस्तुति कोई भी नर्तक पदाघातों, हस्त-संचालन, भृकुटि तथा उँगलियों की मुद्राओं से ही करता है। जिस तरह शास्त्रीय नृत्य के जानकार इन मुद्राओं का अभिप्राय समझ लेते हैं, ठीक उसी प्रकार वक्ता की भाव-भंगिमा से श्रोता उसके कथन की अर्थवत्ता समझ लेते हैं। लेकिन वक्ता को समझ लेना चाहिए कि अंग-संचालन से भावाभिव्यक्ति माहौल और स्थान के अनुरूप होनी चाहिए। भाव-मुद्राओं के साथ वाणी की मिठास भी श्रोता को रिझाने का अनुपम हथियार है।

कथावाचक तो वाणी की मिठास से ही श्रद्धालुओं के दिलों पर राज करते हैं। यह भी एक तरह की विद्या है। जिस तरह पाक कला से व्यंजनों में

षड्रस का स्वाद उत्पन्न किया जाता है, जिस तरह अलंकरण से स्त्री का सौंदर्य द्विगुणित हो जाता है, ठीक उसी प्रकार अलंकृत-युक्त भाषा से भाषण का सौंदर्य अनिंद्य हो सकता है। रंगों के अनूठे चयन से चित्रकार चित्रों को नयनाभिराम बनाते हैं, उसी प्रकार वक्ता की वाणी के उतार-चढ़ाव से श्रोताओं को सम्मोहित किया जा सकता है।

वक्ता की विशिष्टता तभी है, जब श्रोता उसके द्वारा इंगित दिशा में ही सोचना शुरू कर दे। विषय सामान्य हो अथवा परिमार्जित, उसे विशिष्ट बनाना वक्ता के हाथ में होता है। महात्मा गांधी, पं. जवाहरलाल नेहरू, लोकनायक जयप्रकाश नारायण आदि जननायकों ने तो वाणी के ओज से सरकारें बदल दीं। शब्दों को इसीलिए शक्ति की संज्ञा दी गई है। शब्दों का लालित्य और अजस्र प्रवाह क्या कुछ नहीं कर सकता! जिस तरह लेखक की अनुपम शैली उसे इतना लोकप्रिय बनाती है कि किताब बाजार में आने से पहले ही बिक जाती है। प्रमोद महाजन इस संदर्भ में अनूठे नेता कहे जा सकते हैं, जिन्होंने कम समय में ही लोगों पर अपने वाक्-कौशल की गहरी छाप छोड़ दी थी। यदि विषय में अनुपम शब्दों का गठन और प्रवाह नहीं हो तो अव्वल तो अभिव्यक्ति आधी-अधूरी रह जाती है अथवा श्रोता के लिए असमंजस की स्थिति उत्पन्न हो जाती है। लेखन में लालित्य की बात क्यों की जाती है? यह एक ऐसा अनूठा शब्द विन्यास है, ताकि श्रोताओं को विस्मित किया जा सके। वाक्-कौशल भी साधना की तरह है। इसके लिए साधक में विस्तृत अध्ययन, सूक्ष्म दृष्टि और पैनी पकड़ की जरूरत है। इसके लिए निरंतर अभ्यास और एकांगी साधना नितांत आवश्यक है।

अच्छे वक्ता को अनेक भूमिकाओं का निर्वाह करना होता है। वक्ता एक तरह से सूत्रधार होता है। उसे भाष्यकार की भंगिमा में भी दिखाई देना चाहिए। उसमें पूर्वग्रह, दुराग्रह और तटस्थता का कोई आवरण दृष्टिगत नहीं होना चाहिए। उसमें प्रतिभा, तर्कशक्ति और हास्य-बोध का ऐसा मिश्रण होना चाहिए कि उसके कटाक्ष से अज्ञान और दंभ के मद में चूर सत्ताधीश की आँखें खुल जाएँ। उसकी प्रस्तुति तीक्ष्णता और साहस से भरी तो होनी ही चाहिए, साथ ही सारगर्भित भी होनी चाहिए।

एक जमाना था जब अखबारों में शीर्ष पर एक 'विचार प्रवाह' कॉलम हुआ करता था। किंतु आज जब विचार ही गायब हो गए तो प्रवाह कहाँ बचेगा? जिस तरह आज फास्ट न्यूज और फास्ट फूड का बोलबाला है, उससे वक्ता से

भी 'फास्ट' होने की उम्मीद की जा रही है। अपनी बोली अपनी भाषा के साथ खिलंदड़ापन इसी सोच की परिणति है।

'शब्द और सत्याग्रह' नामक एक पुस्तक में महात्मा गांधी के महत्त्व को विशिष्ट संदर्भ में याद किया गया है। दक्षिणी अफ्रीका में अंग्रेजों द्वारा भारतीयों के साथ किए जा रहे भेदभाव का विरोध करने के लिए जिस भाषायी तकनीक का विकास किया गया था, उसके लिए 'सत्याग्रह' शब्द का चुनाव बहुत सोच-समझकर किया गया था। आज जिस तरह प्रोफेशनल होते जा रहे हैं, भाषण-प्रवचन के क्षेत्र में प्रतिद्वंद्विता बढ़ रही है, इसे और परिमार्जित करने की दृष्टि से फास्ट न्यूज की तर्ज पर समानधर्मी नाम खोजने की कोशिश वक्ता को एक नई पहचान दिला सकती है। यह तभी संभव है जब विभिन्न प्रसंगों में वक्ता का एक नया रूप नजर आए। मसलन भाषण तथ्यों के बोझ से लदा, नीरस और पस्त न हो। रिपोर्ट, किस्सागोई तथा विचार के धरातल पर हर बार कुछ नया हो।

उदाहरण के लिए, किसी शैक्षिक मंच पर यदि उच्च शिक्षा की वर्तमान स्थितियों का स्याह सच बताने की स्थिति आए तो शिक्षा की व्यवस्था, उसकी नियंत्रण शक्तियाँ और अभिभावक व शिक्षकों को उनके गुरुतर दायित्व का स्मरण कराना चाहिए। निष्कर्ष यह होना चाहिए कि सार्थक शिक्षा महज पाठ्यक्रमों तक ही सीमित नहीं रखी जा सकती। वक्ता को पाठ्यक्रमों की संकीर्णता की तरफ भी ध्यान आकर्षण करना चाहिए।

आज जब उत्तरदायित्वहीनता और संवेदनहीनता बढ़ रही है तो वक्ता से उम्मीद की जाती है कि वह अकर्मण्यता से उबरने का विकल्प सुझाए। इस पुस्तक के लेखक ने व्यक्तिगत रूप से महसूस किया है कि खासकर शिक्षा के क्षेत्र में पाठ्यक्रमों में व्याप्त क्लिष्टता, स्कूलों में व्याप्त कदाचार, घटती सांस्कृतिक चेतना आदि पर कुछ नहीं कहा जा रहा। प्रतिद्वंद्विता से पार पाने के लिए वक्ताओं को ऐसे विचारशून्य क्षेत्र चुनने चाहिए–मसलन उसका यह कहना कितनी तालियाँ बजवा सकता है कि 'न्याय व्यवस्था की तरह विश्वविद्यालय को भी यह हक होना चाहिए कि सरकार की खामियों, कमजोरियों और बेवकूफियों पर खुलकर टिप्पणी कर सकें। आखिर ऐसे कितने लोग हैं, जो घटनाओं को पूरी तथ्यात्मकता के साथ रच पाते हैं।

आज वाक्-कौशल के क्षेत्र में भी ऐसे अवतार की जरूरत है, जिसके लिए बौद्धिकता का सप्रयत्न लबादा ओढ़ने की परवशता न हो अपितु गहरी

अंतर्दृष्टि हो। भले ही इसके लिए शिल्प को तिलांजलि देनी पड़े और सार्थक शब्द देने की कोशिश में अतिशयोक्ति का रास्ता अपनाना पड़े तो ऐसा करने में कोई हर्ज नहीं है।

वक्ता को एक जबरदस्त किस्सागो होना चाहिए। एक ऐसा कथावाचक होना चाहिए, जो सभी के लिए अपनी झोली में कुछ-न-कुछ छिपाए रखता हो। वक्ता की वाणी में तो ज्ञान की ऐसी गंगा प्रवाहित होनी चाहिए कि प्राणवान ब्योरों से कथावृत्त को भर दे। शब्दों की ऐसी कशीदाकरी करनी चाहिए, जो सुनते ही बनती हो। आज तो वाक्-कौशल का फलक बहुत व्यापक हो गया तथा शिल्प एवं संरचना में अनेक प्रयोग हो चुके हैं, तो निश्चित रूप से उन्हें प्रयोगशीलता का संवाहक बनना चाहिए।

वक्ता को विविधतापूर्ण और विस्तृत दायरे से जुड़ना आवश्यक है, तभी वह अपनी प्रासंगिकता कायम रख सकेगा। यदि ऐतिहासिक संदर्भों के बखान की आवश्यकता पड़े तो वक्ता की छवि ऐसी निर्मित होनी चाहिए जिससे लगे कि उसने अत्यधिक परिश्रम से ऐतिहासिक तथ्यों की खूब पड़ताल की है। उसके पास संबद्ध काल की इतनी जानकारियाँ और तथ्य हैं जितनी सामान्यतया किसी इतिहासकार के पास न हों।

जिन लोगों को वाक्-कौशल सिद्ध है, उनमें भारतीय राजनीति में दो ही शिखर पुरुषों का नाम लिया जा सकता है—एक अटल बिहारी वाजपेयी, जो स्मृति-लोप की व्याधि से क्लांत हैं तथा दूसरे प्रमोद महाजन, जो अब हमारे बीच नहीं हैं। दोनों ने ही भाषण के माध्यम से जनता की नब्ज को छुआ। संदर्भ और साक्ष्य दो ही ऐसे अनिवार्य तत्त्व हैं, जो वाक्-कौशल का मकसद कहे जा सकते हैं। भाषण जीवंत तब नजर आता है, जब उसमें सामाजिक सरोकारों की व्यापकता समाहित हो, भाषा के लचीलेपन के साथ लोकधर्मिता का प्राचुर्य हो, राजनीतिक चरित्र और सत्ताधारियों की नब्ज को बखूबी पकड़ा जा सकता हो। मध्यम वर्गीय वास्तविकताओं, जीवन-मूल्यों, बढ़ते स्वार्थ, व्यक्तिवाद और अभावों को छंदों की तरह निबद्ध किया गया हो।

भाषण एक प्रीतिकर यात्रा की तरह होना चाहिए, जिसमें वक्ता के विचार पूरी गहराई के साथ विकसित होते चले जाएँ, जिसमें किस्सागोई और उसकी अर्थच्छवियाँ अद्‌भुत रूप से टिमटिमाती नजर आएँ, जिसमें तटस्थता और सन्निकटता एक साथ नजर आए और दार्शनिकता, लौकिक जीवन तथा आध्यात्मिक बोध सहज ढंग से वेणी के फूलों की तरह गुंफित नजर आए।

किंतु इन बातों को बखानते समय वक्ता की बौद्धिकता की पहचान पूरी प्रखरता के साथ मौजूद प्रतीत होनी चाहिए।

भरपूर संवेदना, तल्लीनता और स्मृतियों की भाव-प्रवण ऐंद्रिकता से अभिव्यक्त किया गया भाषण सबसे ज्यादा प्रभावित करता है। सभा को उत्फुल्ल बनाए रखने के लिए वक्ता को यथासंभव शंका का कंकड़ फेंकने से बचना चाहिए, क्योंकि इससे आवेश की हिलोर उठने की आशंका रहती है।

शिक्षा की तरह कृषि पर भी बहुत कुछ ऐसा कहा जा सकता है, जो वक्ता को वैज्ञानिक रूप में प्रतिष्ठित कर सकता है, मसलन गोबर की खाद ही भारत की समृद्धि का आधार है। पश्चिम के कृषि वैज्ञानिकों ने खेती के जैविक पोषण की जैसी उपेक्षा की है और रासायनिक पोषण की तरफ मोड़ दिया, उसने बड़ी मुसीबतें पैदा की हैं। खेती को उन्नत और समृद्ध बनाना हो तो उसे कृषि वैज्ञानिकों की संख्या कम कर देनी चाहिए तथा फसलों की चुनी हुई किस्मों पर ध्यान देना चाहिए, न कि उसकी संख्या पर। किंतु इसके साथ ही इस बात का ध्यान रखना होगा कि वक्ता को कहीं भी उपदेशक की भूमिका में नहीं आना चाहिए। उसे विचारक और विश्लेषक की भूमिका अख्तियार किए रहना चाहिए। वक्ता को ग्रामीण और नगरीय चेतना दोनों से जुड़े नजर आना है।

वक्ता को राजनीति की बात कहनी है, लेकिन राजनीति में नहीं उलझना है। एक जनप्रिय वक्ता वही है, जिसकी भाषा में चुटकी एवं चिकोटी से लेकर चुनौती तक की मुद्राएँ नजर आएँ, क्योंकि आज की बाजारवादी अपसंस्कृति द्वारा सौंपी गई भस्मासुरी मुद्रा से जूझते हुए उसे अपनी बात को व्यवस्था के प्रतिरोध पर केंद्रित करना है। वक्ता को ऐसे आलोचनात्मक विवेक का हिमायती होना चाहिए, जहाँ आत्मनिंदा और आत्ममुग्धता से बचे रहकर विविध पक्षों पर समग्रता से विचार करने की गुंजाइश हो।

□

16

अध्ययन, मनन और चिंतन

वाक्-कौशल को संपूर्ण रूप से आत्मसात् करने के लिए इसे शोधपरक विधा के रूप में लेना चाहिए। जिस तरह किसी विषय में डॉक्टरेट करने के लिए शोध-प्रबंध तैयार किया जाता है, भाषण की समग्र तैयारी भी उसी प्रकार करनी चाहिए। विषय से संबद्ध तथ्य जुटाने के लिए संदर्भ के सूत्र खोजने चाहिए। सामग्री यदि सारगर्भित होगी, तभी श्रोता को प्रभावित किया जा सकेगा। निबंध की तरह भाषण को भी चार मुख्य भागों में बाँटा जा सकता है। पहला–भूमिका, दूसरा–विषय की महत्ता, तीसरा–समस्याएँ व निराकरण तथा उपसंहार। विषय की महत्ता बताते समय उसके पक्ष-विपक्ष में जो कुछ कहा जाता है, उसका समाधान भी बताना होता है। उपसंहार में निचोड़ यानी निष्कर्ष बताना होता है। छात्र के शोध प्रबंध की जाँच में यह परखा जाता है कि उसने विषय से संबंधित तथ्यों का किस प्रकार संकलन किया। क्या उसने वास्तव में 'गहरे पानी पैठ' की तर्ज पर विषय की गहराई में जाने का प्रयास किया?

वक्ता को भी श्रोता की कसौटी पर खरा उतरने के लिए उन सभी पैमानों को समझना होता है, जो भाषण में तथ्य, अध्ययन, विषय की गहराई और भाषा-शैली का प्रवाह दरशाते हों। कसौटी पर खरा उतरने के लिए वक्ता के लिए सबसे बड़ा पैमाना होता है अध्ययन। अध्ययन वक्ता की श्रम-साध्य पूँजी होती है–ऐसी पूँजी जिसे जितना खर्च किया जाए उतनी ही बढ़ती है। किंतु आवश्यक है कि उसकी स्मृति कुंद नहीं होनी चाहिए।

निरंतर अध्ययन से ही ज्ञान का भंडार भरता है। ज्ञान साधना का सुफल है। जिस तरह मधु मक्खियाँ पराग का कण-कण एकत्रित कर शहद का छत्ता बनाती हैं, ठीक उसी तरह अध्ययन और साधना से ज्ञान की पूँजी में बढ़ोतरी

की जाती है। वक्ता को जिज्ञासु होना चाहिए, क्योंकि जिज्ञासु व्यक्ति ही ज्ञान कोष की तलाश में रहता है। विद्वत्ता भी गहन अध्ययन से ही प्राप्त होती है, क्योंकि अध्ययन-मनन और चिंतन से ही ज्ञान के भंडार में अभिवृद्धि होती है। विद्वानों का मानना भी है कि 'मानसिक विकास के लिए अध्ययन की उतनी ही आवश्यकता है जितनी शरीर सौष्ठव के लिए नियमित व्यायाम की।'

विश्व में जितनी भी विभूतियाँ और महान् व्यक्ति हुए हैं, अपने जीवन में सबसे ज्यादा अध्ययनशील रहे हैं। सबसे बड़ी बात तो यह है कि अध्ययन से बड़ा न तो कोई मनोरंजन हो सकता है और न ही प्रफुल्ल रहने का माध्यम। बर्नार्ड शॉ का यह कथन इस संदर्भ में काफी कुछ कह जाता है कि 'पढ़ने की आकांक्षा से कहीं बड़ी चीज है, क्या पढ़ना चाहिए?'

आज का युग विशिष्टता तथा विशेषज्ञता का है। किसी भी क्षेत्र की बात करें, जो श्रेष्ठ होगा, वही चुना जाएगा। आधे-अधूरे ज्ञान की कहीं भी पूछ नहीं होती। किंतु एक बात याद रखनी चाहिए कि विशेषज्ञता के लिए हर जगह टाँग फँसाने की बजाय एक विषय चुन लेना चाहिए। कहावत भी है कि 'एक ही साधे सब सधे, सब साधे सब जाए।'

वक्ता की सफलता के लिए यह नितांत आवश्यक है कि वह प्रवीणता के लिए कोई एक विषय चुन ले। इसका लाभ यह होगा कि वह केवल एक विषय के प्रति ही एकाग्र रहकर चिंतन-मनन और विषय विशेषज्ञों से समय-समय पर निर्देश भी ले सकेगा। इससे ज्ञान का विस्तार तो होगा ही, भाषणों में भी गजब की धार उत्पन्न हो जाएगी। विषय की विशेषज्ञता के बावजूद हर स्थान पर वहाँ के माहौल, क्षेत्रीयता, भौगोलिक स्थिति और श्रोता के संवर्ग के अनुरूप भाषण में बदलाव करना चाहिए। अर्थात् क्षेत्र विशेष की समस्याओं और श्रोता की सोच के अनुसार कथन में रद्दोबदल करना पड़ सकता है। इसलिए बदलती परिस्थितियों के मद्देनजर वक्ता को अपनी तैयारी कर लेनी चाहिए।

वैसे भी मनुष्य की प्रकृति परिवर्तनप्रिय है, इसलिए प्रत्येक प्रसंग में कुछ-न-कुछ नवीनता लाने का प्रयास करते रहना चाहिए। अकसर ऐसा होता है कि जो स्थिति आज है, वह कल नहीं है अथवा समस्या का निदान हो चुका होता है। कुछ ऐसा बदलाव हो चुका होता है कि उस विषय पर बोलने की आवश्यकता ही नहीं रह जाती। इन सब बातों की जानकारी मंच पर जाने से पहले ही कर लेनी चाहिए, अन्यथा वक्ता की स्थिति हास्यास्पद हो सकती है। वक्ता को अध्ययन पर ध्यान देना चाहिए। तोतारटंत उसके लिए घातक हो

सकता है। अध्ययन से तो स्थिति का भली प्रकार विश्लेषण किया जा सकता है, जबकि रटी हुई बात तो कभी भी विस्मृत हो सकती है। आज वक्ता की प्रवीणता भाँपने में श्रोता काफी समझदार हो चुका है, इसलिए उसे समझने में देर नहीं लगेगी कि भाषण रटा हुआ है अथवा वक्ता के अपने अध्ययन की उपज है। रटा हुआ भाषण तब ज्यादा दु:खदायी होता है, जब प्रश्नकाल आता है। ऐसे में वक्ता बगलें झाँकने के अलावा कुछ नहीं कर सकता। श्रोता वक्ता के अगाध ज्ञान से ही चमत्कृत होता है। अध्ययन से ही नए तर्क, नए उदाहरण और नए प्रमाणों से जिज्ञासा शांत की जा सकती है। संसार में ज्ञान की तो वैसे भी कोई सीमा नहीं; जितना खोजो उतना ही कम है।

अध्ययन के दौरान वक्ता को नई-नई बातों से अपना ज्ञानार्जन करना चाहिए। भाषण में नयापन केवल परिस्थितियों के बदलाव से नहीं आता अपितु यह बताने से आता है कि आखिर परिस्थितिजन्य कारण क्या रहे? वक्ता को कल्पनाशीलता में महारत हासिल होनी चाहिए। भाषण के बीच उदाहरणों, प्रसंगों और संस्मरणों का समावेश ठूँसा हुआ नहीं लगना चाहिए; बल्कि ऐसा हो जैसे मोगरे की वेणी में गेंदे का फूल। कभी-कभी ऐसी स्थिति उत्पन्न हो जाती है कि प्रतिपक्षी मान्यतावाले श्रोता अनगढ़ प्रश्न भी कर देते हैं। ऐसा भीड़ में अपनी विशिष्टता दरशाने के लिए होता है, किंतु वक्ता में अनुकूल उत्तर देने की क्षमता हो तो बात बिगड़ती नहीं, अन्यथा बातों का बार-बार दोहराव वक्ता के स्तर पर शंका उत्पन्न करता है।

वक्ता की कुशाग्रता भी तभी परखी जाती है, जब उसके पास एक ही बात कहने के अनेक विकल्प हों। अध्ययन की महत्त्वपूर्ण उपज की बात करें तो लेखन शैली और शब्द-विन्यास में निखार अध्ययन से ही आता है। विभिन्न स्तरों पर तथ्य, तर्क, प्रमाण और उदाहरण देने में विद्वत्ता तभी नजर आती है, जब साहित्यिक कृतियों का भी समान रूप से अध्ययन किया जाए। आखिर गहन अध्ययन ही वक्ता की संपदा है।

शब्दों का गठन और लालित्य तभी नजर आता है, जब गहन अध्ययन किया हुआ हो। किन शब्दों का प्रयोग करने से किन अभिव्यक्तियों को किस प्रकार और किस हद तक प्रकट किया जा सकता है, यह कुशलता गहन अध्ययन से ही प्राप्त हो सकती है। अशिक्षित या अल्प शिक्षित इस विशिष्टता को नहीं समझ सकते। लेखन शैली और भाषण शैली में अंतर है तो इतना कि भाषण मुँह से बोलकर और लेखन में कल्पना का सहारा लिया जाता है। लेखन और भाषण

शैली का मूल स्वरूप एक ही है। अलबत्ता प्रत्यक्ष में इसके स्वरूप भिन्न दिखाई पड़ते हैं।

वक्ता को सदैव एक नोट बुक साथ रखनी चाहिए, जिसमें कभी कहीं से अपने विषय से संबद्ध उपयोगी बातें नोट की जा सकें। ऐसे अनेक प्रसंग सामने आते रहते हैं, जो बड़े मार्मिक होते हैं। उन्हें स्मृति में बनाए रखना जरूरी होता है। उपलब्ध ज्ञान-संपदा के संचय में नोट बुक बड़े काम की चीज होती है। महादेव भाई देसाई, महात्मा गांधी आदि की तो डायरियाँ प्रकाशित भी हुई हैं।

अध्ययनहीन विषय पर औपचारिक बातें ही कही जा सकती हैं, जिन्होंने ऐसे अनेक प्रसंगों का संचय किया, जिनका उन्होंने समयानुसार उपयोग किया। एक ही विषय के अनेक पक्ष होते हैं। प्रत्येक पक्ष पर कई दृष्टिकोणों से प्रकाश डाला जा सकता है। वकीलों की सफलता इसी बात पर निर्भर है। उन्हें कानून की कितनी ही पुस्तकें पलटनी पड़ती हैं, व्याख्याएँ ढूँढ़नी पड़ती हैं, फैसलों की नजीरें इकट्ठी करनी पड़ती हैं। वादी और प्रतिवादी के कथन, पुलिस रिपोर्टों, गवाहों के बयानों को समझना पड़ता है, ताकि अपने पक्ष के समर्थन के लिए पर्याप्त सामग्री मिल सके। यह श्रम, प्रयास एवं मनोयोग ही मुकदमा जीतने का कारण बनता है।

प्रोफेसर अपनी क्लास पढ़ाने के लिए पहले तैयारी करते हैं। यह सामग्री जितनी अधिक उच्च कोटि की होती है, छात्र उतने ही प्रभावित होते हैं। आधा-अधूरा ज्ञान भाँपने में छात्रों को एक पल की देर नहीं लगती।

विकसित देशों में 45 मिनट का पूर्ण भाषण माना जाता है। कुशल वक्ता इतने समय में इतने तथ्य प्रस्तुत करते हैं कि श्रोता का सभा में आना सार्थक हो जाता है। वक्ता का उत्तरदायित्व होना चाहिए कि श्रोता का बहुमूल्य समय खर्च कराने के बदले अपना पर्याप्त समय दे। विद्वानों की मानें तो ज्ञानार्जन में तीन बातें बाधक हैं—अभ्यास की उपेक्षा, दुराग्रह और अहंकारग्रस्त होना।

सर विश्वेश्वरैया का एक संस्मरण बड़ा प्रेरक है। एक बार वे किसी देहाती क्षेत्र में महत्त्वपूर्ण सर्वे के लिए गए। उनकी ख्याति सुनकर वहाँ के प्राथमिक विद्यालय के प्रधानाध्यापक ने उनसे आग्रह किया कि छात्रों को संबोधित करें। व्यस्तता का बहाना करते हुए पहले तो उन्होंने इनकार किया, किंतु प्रधानाध्यापक विनम्रतापूर्वक अड़े रहे। नतीजतन उन्हें झुकना पड़ा। स्कूल में उन्होंने पंद्रह मिनट भाषण दिया। छात्रों व उपस्थित ग्रामीणों ने इस अनुग्रह के लिए कृतज्ञता प्रकट की।

इस घटना के कुछ ही दिन बाद सर विश्वेश्वरैया का एक पत्र उसी स्कूल के प्रधानाध्यापक के नाम पहुँचा, जिसमें लिखा था–'फलाँ तारीख को पुनः छात्रों के सम्मुख भाषण देने आ रहा हूँ, उचित व्यवस्था करने की कृपा करें।'

प्रधानाध्यापक को आश्चर्य हुआ कि इतने बड़े आदमी ने खुद यह आग्रह क्यों किया? विश्वेश्वरैया नियत समय पर आए और बड़ा सारगर्भित भाषण दिया। जब वे चलने लगे तो अध्यापकों ने इस सदिच्छा का कारण पूछा। उन्होंने कहा कि 'पिछला भाषण बिना तैयारी का था। उसमें अनेक त्रुटियाँ रह गई थीं। मैंने निश्चय किया कि उस भूल का परिमार्जन करूँगा। यहाँ से जाने के बाद मैंने स्कूली छात्रों की समस्याओं से संबंधित मुद्दों पर चिंतन किया। बात को विस्तार से कहने के लिए ही मैं दुबारा यहाँ आया।'

□

17

सार्थक संवाद-संप्रेषण

श्रोताओं को आकर्षित करने की दृष्टि से मुख्य तथ्य क्या है? वक्ता के लिए यह जानना नितांत आवश्यक है कि अलग-अलग श्रोताओं की अपेक्षा संपूर्ण समुदाय को नियंत्रित करना ज्यादा सहज है। इस दृष्टि से श्रोताओं को आकर्षित करने के लिए दो बातों का मुख्य रूप से ध्यान रखा जाना चाहिए। एक–श्रोता क्या सुनना चाहते हैं? दूसरा-उनकी आकांक्षा की किस तरह पूर्ति की जाए? प्रत्येक श्रोता की सोच भी पृथक् होती है। इसलिए जब श्रोता एक विशिष्ट श्रेणी का होता है तो उसके लिए वस्तुनिष्ठ अनुसंधान नितांत आवश्यक है। इसके लिए बुनियादी बातों को खँगालना जरूरी है कि औसतन उम्र और विषय की गहराई समझने का माद्दा कितना है।

इस जानकारी के आधार पर यह सुनिश्चित किया जा सकता है कि श्रोता के सामने कैसे शब्दों का इस्तेमाल किया जाए? कैसी बॉडी लैंग्वेज होनी चाहिए? शब्दों की जटिलता चल सकती है अथवा सरलता? जब श्रोता छात्र हो तो ज्यादा औपचारिक बने रहने की आवश्यकता नहीं होती; किंतु जहाँ व्यावसायिक विमर्श होता है, वहाँ 'फैक्ट्स और फिगर्स' ज्यादा मायने रखते हैं। इसलिए माहौल की उपयुक्तता के अनुरूप ही शब्द और भाषा गढ़ी जानी चाहिए। भाषण के बीच अंग्रेजी के शब्दों का उपयोग करना हो तो कम-से-कम अंग्रेजी शब्दों का बचकाना उच्चारण नहीं होना चाहिए।

छात्रों के सामने वक्ता की मुसकराहट माहौल के अनुरूप मानी जा सकती है और किस्सागोई किस्म की बातें सरल शब्दों में पिरोई जा सकती हैं। किंतु व्यावसायिक बैठकों या सेमिनार जैसे आयोजनों में श्रोताओं को जोड़ने के लिए वक्ता की बुद्धिमत्ता और ज्ञान का स्तर अत्यंत महत्त्वपूर्ण होते हैं। ऐसे अवसरों पर श्रोताओं से दोस्ताना व्यवहार रखना चाहिए, ताकि सवाल-जवाब

का सहज सिलसिला बना रह सके।

कुछ वक्ता ज्ञान का बघार लगाने के लिए शब्दों में बनावटीपन भर देते हैं। ऐसा नहीं होना चाहिए। इससे अनावश्यक भ्रम की स्थिति बनती है। ऐसा भी होता है कि विभिन्न क्षेत्रों में बोली का बदलाव शब्दों की बुनियादी बनावट को बिगाड़ देता है। किंतु वक्ता को इससे प्रभावित नहीं होना चाहिए। उसका उच्चारण प्रचलित प्रतिमानों के अनुरूप ही होना चाहिए। कभी-कभी बात समझने के लिए वक्ता काफी 'लाउड' हो जाते हैं। इस स्थिति से बचना चाहिए और जहाँ तक हो सके, यदि कहीं जटिल शब्दों का इस्तेमाल हुआ भी है तो सरल शब्दों में बात कहने का प्रयास करना चाहिए।

वक्ता को यह भ्रम नहीं होना चाहिए कि जो कुछ वह कह रहा है, उसे सभी श्रोता समझ रहे हैं। इसलिए खासकर उन बातों को एक-दो बार हलके-फुलके शब्दों में जरूर दोहराना चाहिए। दोहराव भी इस तरह से हो कि दोहराव न लगे बल्कि वक्ता की विशिष्टता लगे। इससे श्रोता को कहीं कुछ असमंजस हो भी जाए तो तत्काल दूर हो सकता है। अकसर कुछ श्रोता कुछ शब्दों को 'शॉर्ट फॉर्म' में कहने की कोशिश करते हैं। यह तरीका ठीक नहीं है, क्योंकि आवश्यक नहीं कि प्रत्येक श्रोता इतना विद्वान् हो कि 'शॉर्ट फॉर्म' को समझ ले। इसलिए 'शॉर्ट फॉर्म' के साथ उसकी भली प्रकार व्याख्या भी करें। सार्थक संवाद संप्रेषण का अर्थ यही है कि 'बोलनेवाले को पता होना चाहिए कि वह क्या बोल रहा है और सुननेवाले को दुविधा नहीं होनी चाहिए कि आखिर वह क्या सुन रहा है!' प्रभावी वक्ता की परिभाषा में 'लिप मूवमेंट' की विशिष्ट महत्ता है। आपके होंठों की हलचल ही ऐसी होनी चाहिए कि श्रोता सुनने से कहीं ज्यादा होंठों की जुंबिश से ही कुछ समझ जाए।

सार्वजनिक स्थलों पर बोलने का अवसर तो व्यावसायिक क्षेत्रों में सक्रिय लोगों के लिए और आ सकता है। ऐसे में भाषण की तैयारी के दौरान इस बात के मद्देनजर कि श्रोता का स्तर क्या है, वक्ता को भाषण में ऐसी बातों को जरूर शामिल करना चाहिए, ताकि लोग उनकी बौद्धिकता का लोहा मानें और उनके मनो-मस्तिष्क में एक खास छवि बन जाए। वक्ता को याद रखना चाहिए कि विषय पर गहरी पकड़ बेहतरीन वक्तृत्व कौशल को विकसित करते हुए बात कहना श्रोता को गहरे तक प्रभावित करती है।

भाषण-कला को समझने में प्रमोद महाजन का निम्नलिखित भाषण प्रेरक सिद्ध हो सकता है—

"बहनो और भाइयो! बरसों बाद मैं ऐसे विषय पर बोलने का प्रयास कर रहा हूँ जिसका सीधा तो राजनीति से संबंध है नहीं, लेकिन राजनीतिज्ञों से इस विषय का सबसे गहरा संबंध है। बरर.ों से मैं अनेक वक्ताओं को देख रहा हूँ, सुन् रहा हूँ, पचाने की कोशिश कर रहा हूँ। उन सारे का निचोड़ मिलाकर संवाद कला के संबंध में मेरे मन में जो विचार आ रहे हैं, मैं आपके सामने रखने का प्रयास करूँगा। सबसे पहले तो मेरी प्रार्थना आपसे यह होगी कि संवाद कला के जो नुस्खे मैं आपको बताने का प्रयास करूँगा, इन मापदंडों का मेरे भाषण पर कसकर देखने का प्रयास आप न करें। मैं एक आदर्श संवाद-कला की चर्चा करने का प्रयास कर रहा हूँ। मेरा दावा यह नहीं है कि यह सारा कौशल मुझमें है या मैं उसका अधिकारी हूँ।

"किसी ने कहा कि संवाद (कम्युनिकेशन) भगवान् का मनुष्य को दिया गया सबसे बड़ा उपहार है। अगर भगवान् हमें यह उपहार न देता तो शायद मानव जाति आज जिस स्थान पर, मुकाम पर पहुँची है, उस पर नहीं पहुँचती। कुछ लोग कहते हैं कि पक्षियों में भी भाषा होती है, पशुओं में भी भाषा होती है। मुझे इसका ज्यादा ज्ञान नहीं है कि क्या सभी जगह के कौओं की एक भाषा होती है, तो शायद उत्तर प्रदेश के कौए हिंदी में बोलते हैं और महाराष्ट्र के कौए मराठी में बोलते हैं और इसलिए पक्षियों या पशुओं में भाषा होती है या नहीं, इसकी तो मुझे ज्यादा जानकारी नहीं है, लेकिन संवाद या भाषा भगवान् की दुनिया में मनुष्य को भगवान् निर्मित और सारी चीजों से अलग करता है।

"कहा जाता है कि बोलनेवाले के कंकड़ भी बिक जाते हैं और जिस व्यक्ति में बोलने की कला न हो तो बहुत सुंदर गेहूँ लेकर भी बाजार में जाएँ तो उसे कंकड़ का मोल भी नहीं मिलता। जीवन में हम देखते हैं कि व्यक्ति से व्यक्ति का हो, व्यक्ति से समूह का हो, जब संवाद चलता है तो जिस व्यक्ति के पास यह संवाद की कला उत्कृष्ट होती है, उसका हमारे सबके जीवन पर प्रभाव पड़ता है; क्योंकि वह अपना विचार दूसरों के हृदय तक पहुँचा सकता है। बहुत बार हमने देखा है कि बहुत अच्छा विचार होने के बाद भी वक्त क्या कह रहा है, यह हमें समझ में आता ही नहीं है और कभी-कभी कहने की कला हो तो गहन-से-गहन विषय भी अत्यंत सरल शब्दों में जब कहा जाता है तो व्यक्ति के दिल में उतर जाता है। और जैसा मैंने कहा कि इस विषय का भले ही राजनीति से संबंध न हो, लेकिन

राजनीतिज्ञों से इसका सर्वाधिक संबंध इसलिए है कि राजनीति में संवाद कला की जितनी आवश्यकता होती है उतनी शायद और किसी व्यवसाय में न हो।

"कभी-कभी तो हम लोग मजाक में यह भी कहते हैं कि नेता बनने के लिए और कोई क्वालिफिकेशन की आवश्यकता नहीं होती। बस सामने माइक हो और बोलने की कला हो तो आदमी रातोरात नेता बन जाता है। इसका व्यंग्य छोड़ दीजिए, इसका उपहास छोड़ दीजिए। इसका अर्थ यह है कि क्योंकि विचारों का आदान-प्रदान है आखिर राजनीति होती क्या है? जब मैं आपात स्थिति में कारावास में बंद था, तब मैंने एम.ए. पॉलिटिकल साइंस पूरा किया। उसमें एक पेपर था पॉवर पॉलिटिक्स। आज वे सारी बड़ी किताब तो ध्यान नहीं हैं, लेकिन उस किताब के प्रारंभ में चार वाक्य लिखे थे वो आज भी ऐसे ध्यान हैं जैसे कल ही पढ़े थे। उसमें लिखा था-'पोलिटिक्स इज ऑलवेज पॉवर पोलिटिक्स'। दूसरा वाक्य था 'व्हाट इन पॉवर' और तीसरा वाक्य था, 'पॉवर टू रूल ओवर द माइंड्स ऑफ आदर्स'। दूसरों के मन पर प्रभाव करने की शक्ति असली राजनीति है।

अब इस कसौटी पर इसको देखें तो मैं समझता हूँ कि कम-ज्यादा मात्रा में हम सब लोग जो राजनीति में काम करते हैं, इसमें संवाद कला की आवश्यकता होती है। संवाद कला हमें तब लगती है, जब हम जनसभाओं में बोलते हैं। संवाद कला हमें तब लगती है, जब हम कार्यकर्ताओं के सामने बोलते हैं। संवाद कला हमें तब लगती है, जब हम विधानसभाओं, संसद् में, कॉरपोरेशन में भाषण देने का प्रयास करते हैं। संवाद कला हमें तब लगती है, जब हम कार्यकर्ताओं की बैठक लेते हैं। संवाद कला हमें तब लगती है जब हम किसी नेता से मिलते हैं या किसी अनुयायी से बात करते हैं और इसलिए व्यक्ति से व्यक्ति या व्यक्ति समूहों के अनेक प्रकारों में हमें संवाद कला की आवश्यकता होती है।

बहुत बार हमने अनुभव किया होगा कि हम दस भाषण सुनते हैं। दस में से नौ भाषण ऐसे होते हैं, जिसके विषय का शीर्षक कुछ होता और अंदर का भाषण दूसरा ही होता है। बहुत सारे वक्ता मैंने यह देखे कि उनका एक ही भाषण होता है। आप उनको कहीं भी खड़े कर दो भाषण वे देते हैं। आप उनको अकेले में मिलने जाओ, मुद्दे वे ही रहते हैं। अच्छा बोलनेवाला हो तो फिर दोबारा, तिबारा, चार बार वो बात करते रहते हैं। श्रोता बदल जाए और बात वह ही रहती है, क्योंकि चुनाव में जब भाषण करने जाते हैं तो हर गाँव

में वो भाषण तो नहीं कर सकते। लेकिन श्रोता वो ही, वक्ता वो ही, साल भर पहले वो ही, साल भर बाद वो ही। अब स्वाभाविक रूप से बार-बार वो ही भाषण किया जाएगा तो उसके कारण जो विचार लोगों को देने हैं, वह विचार कोई ग्रहण कर ही नहीं पाएगा और इसलिए बहुत बार राजनीति में मैं देखता हूँ कि राजनीतिज्ञों को जिस विषय पर बोलना है, उस पर अभ्यास करने की आदत सम्माननीय अपवाद छोड़कर बिलकुल पीछे है और इसलिए जो पीठासीन होता है, बार-बार टोकता है कि विषय पर आओ, विषय पर आओ। और बार-बार हम नीचे से जवाब देते हैं–विषय पर ही आ रहा हूँ। थोड़ा दूर से आ रहा हूँ। अब वो दूर से नहीं आ रहा, क्योंकि विषय पर आ ही नहीं रहा। वास्तव में उसे विषय का पता ही नहीं है।

और कुछ वक्ता तो ऐसे होते हैं, जिनको विषय बताने की भी जरूरत नहीं होती है। कुछ वक्ताओं के भाषण मैंने देखे हैं कि उन्होंने 2004 की लोकसभा में जो भाषण दिया, 2005 की विधानसभा में भी वही दिया और हमारी राष्ट्रीय परिषद् की बैठक में भी फिर वही भाषण दिया। भाषण वो ही था।

बहुत बार मैं कहता हूँ कि भाषण ऐसे होना चाहिए कि प्रारंभ से अंत तक लोगों को पता भी नहीं चले कि दस मुद्दे कैसे कहे गए कि व्यक्ति एक विषय से दूसरे मुद्दे में कैसे चला गया। बरसों पहले मैं अटलजी की एक सभा में गया तो बहुत बड़ी सभा थी, लाख लोग थे। अटलजी खड़े हुए। उन्होंने कहा कि इतनी विराट् सभा देखकर मुझे एक कहानी याद आती है। मैंने हँसना शुरू कर दिया। मैं सोचता रहा। इस आदमी ने कहानी कही नहीं, कौन सी कहानी है, पता नहीं हँसने की है रोने की है, पता नहीं और लोगों ने पहले ही हँसना शुरू कर दिया; क्योंकि अटलजी के भाषण में वक्तृत्व की ऐसी धाक थी कि जब उन्होंने कहा कि मुझे कहानी याद आ रही है तो लोगों ने सोचा, वाह मजा आएगा। अटलजी ऐसी कहानी बताएँगे कि मजा आएगा।

बड़े-बड़े नेताओं को भी अलग अपनी विशिष्टता खड़ी करनी पड़ती है। हममें से बहुत लोग जब भाषण करते हैं तो कहते हैं–भाइयो और बहनो। मैंने जब पहली बार अटलजी को भाषण कहते सुना तो उन्होंने कहा कि बहनो और भाइयो। अब दिखने में छोटा ही अंतर है क्योंकि हमको आदत हमेशा ब्रदर्स और सिस्टर्स जैसी होती है; लेकिन आदमी थोड़ा अलग हटकर कहता है तो स्वाभाविक रूप से उसकी ओर ध्यान दिया जाएगा।

अटलजी जैसी ख्याति तो हम सबकी नहीं होगी, हम तो नए होंगे और

हो सकता है, उस गाँव में पहली बार बोल रहे हों। लोगों को पता भी नहीं होगा कि कौन प्रमोद महाजन है, कैसा बोलता है, क्या करता है? तो अच्छे प्रभावी भाषण के लिए पहला सूत्र यह ध्यान रखें कि हमारा प्रारंभ आकर्षित करनेवाला होना चाहिए। अगर हम पहले दो-पाँच मिनट में श्रोताओं को अपने कब्जे में न लें तो दस मिनट में आप कितना भी महत्त्वपूर्ण मुद्दा बोलें, वह अपने कब्जे से निकल चुका है और इसलिए भाषण देते समय पहला यह ध्यान रखें कि मुझे पहली बार इस सभा को आकर्षित करना है, इसलिए अच्छा वाक्य हो, अच्छा शेर हो, कोई शायरी हो, कोई किस्सा हो, आवाज को ऊँचा-नीचा करना हो; लेकिन कुछ तो ऐसी बात हो जिससे सारे सुननेवाले कहें कि अरे, क्या कह रहा है? उनका कान पकड़ लें और एक बार आपने पकड़ लिया तो अगले दस-पंद्रह मिनट तक तो आपके पास रहेगा।

जैसे आप में से जो लोग क्रिकेट में रुचि रखते हों तो बल्लेबाज ने पहली ही बॉल में चौका मार दिया तो देखनेवाले सोचेंगे क्या करेगा, अगली बॉल में क्या करेगा। तो सबसे पहले प्रारंभ आकर्षित करनेवाला हो और कभी-कभी मुझे लगता है, जो अंत हो वह प्रभावित करनेवाला हो। भाषण इन दोनों के बीच में होना चाहिए। याद रखें, हमारा भाषण कोशिश हो कि नवरसों से परिपूर्ण होना चाहिए।

बहुत बार हम ध्यान रखें, बहुत गंभीर भाषण बहुत देर तक सुनने की मनःस्थिति में लोग नहीं होते। इसलिए बहुत बड़े-बड़े अच्छे नेता वक्तृत्व कला में माहिर माने जाते हैं। उनके भाषण की शैली में बीच-बीच में हँसना-हँसाना, रोना-रुलाना, कभी वीर रस में लाना-यह आवश्यक होता है।

मेरे एक दोस्त ने अटलजी के भाषण की शैली का कैसेट रिकॉर्ड करके एनालाइज किया। एक भाषण में अटलजी हाथ की मुद्राएँ करके कहते हैं, ऐसा करेंगे-ऐसा करेंगे। मैंने तो कहा है कि टेक्नोलॉजी इतनी आगे गई है कि हरेक शब्द के साथ करेंगे। अब मैं यह नहीं कहूँगा कि आप बिलकुल वैसा करना शुरू करें, क्योंकि हर आदमी की अपनी शैली होती है। शाहरुख अलग करता है, आमिर अलग करता है।

तो अपनी अलग शैली विकसित करनी चाहिए। लेकिन औरों का अध्ययन इसलिए करना चाहिए कि उससे हम समझ सकते हैं। सभा में जाने से पहले अपने को आईने में देख लेना चाहिए कि कहीं कंघा करने में गड़बड़ तो नहीं हुई है, कहीं हाथ-वाथ धोए हों तो काली स्याही तो पेन की नहीं लगी

है कपड़े में। जो भी आपका वेश हो, इसके लिए सुंदर वेश ही धारण करने की जरूरत नहीं है। आप कपड़े क्या डालते हो, कैसे डालते हो, ये छोटी-छोटी बातें लगती हैं; लेकिन सामनेवाले को प्रभावित करने के लिए उन बातों की बड़ी अहमियत है, क्योंकि भाषण में जब आप बोल रहे हैं तो श्रोता का ध्यान व्यक्ति जो विचार रख रहा है उधर जाना है।

तो बोलनेवाले व्यक्ति के सामने कोई ऐसा भी विचित्र वेश न डाला हो, जिससे लोगों का ज्यादा ध्यान उसके वेश पर ही जाता है और वह क्या बोलता है इधर न जाता हो, इसलिए कपड़े हों, आवाज हो, जैसा कि मैंने शुरू में कहा कि एक ही टोन में कभी-कभी कुछ वक्ता ऐसे हैं कि बोलना शुरू करते हैं तो पीछे से आवाज आती है। तो हमें समझना चाहिए कि जिस तरह हम बोल रहे हैं, हमारी आवाज आखिरी आदमी तक पहुँचे या न पहुँचे, इसका ध्यान रखना चाहिए।

बहुत बार ऐसा होता है कि आवाज हमें सुनाई नहीं देती। एक बार लता मंगेशकरजी से मैंने पूछा कि आपने एक माइक अपने लिए क्यों लगा रखा है, तो उन्होंने कहा कि देखो, एक लाख लोग मेरा गाना सुनने आते हैं तो पीछे लोगों को सुनाई देता है या नहीं। मुझे डर लगता है कि इनको सुनाई दे रहा है या नहीं। मैं अपनी आवाज बढ़ाती जाती हूँ और थोड़ी देर बाद इस गले पर यह असर होता है कि आधी में बंद करना पड़ता है या पानी पीना पड़ता है। तो उन्होंने कहा कि इसलिए मैं इसको रखती हूँ, ताकि मैं सुन सकूँ कि मेरी आवाज नीचे-ऊपर, अब अपने को गाना तो नहीं गाना है, इसलिए अपने को ज्यादा ध्यान रखने की आवश्यकता है।

लेकिन बहुत बार हमने देखा, पच्चीस-पच्चीस साल भाषण देने के बाद भी कई वक्ता यह तय नहीं कर पाते हैं कि माइक से कितनी दूर, कितने पास अपने को रख पाते हैं। कुछ लोग सीधे अंदर जाकर बोलना शुरू कर देते हैं और कुछ बहुत दूर रहकर भाषण देते हैं। इतने बरसों के बाद भी बैट कैसे रखना है, स्टैंड कैसे लेना है, ये चीजें अभ्यास से आती हैं। यह तो ध्यान रखना पड़ेगा।

एक और ध्यान रखना पड़ेगा। हम जिसके सामने बोल रहे हैं, उन लोगों की थोड़ी हमको जानकारी होनी चाहिए, ताकि जैसा उदाहरण वैसे ही दें, जो उनके अनुभव का हो। एक गाँव में भाषण दे रहे हैं और उदाहरण दे रहे हैं कि जब हवाई जहाज 40 हजार फीट पर चला जाता है तो जिस प्रकार की

आवाज आती है, गाँववाला बोलेगा कि हम कभी हवाई जहाज में बैठे नहीं, 40 हजार फीट पर गए नहीं, यह किस आवाज की बात कर रहा है।

या सी.आई.आई. की मीटिंग में बोल रहे हों और शहर के सब बड़े बड़े उद्योगपति आए हों तो बोल रहे हों तो देखिए, जब बैलगाड़ी चलती है न तो उसके बाईं ओर के चक्के की आवाज, अरे बाप जो बैलगाड़ी में बैठा नहीं तो उसको बाईं ओर के चक्के का क्या उदाहरण दे रहे हो। अगर उत्तर प्रदेश में गए हों और कहीं महाराष्ट्र का संत ढूँढ़ लिया तो वह जानकारी नहीं दे पाएगा।

इसलिए जब सामने का श्रोता है, उसी भाषा उसका अनुभव उसका जीवन, उसका ज्ञान, उसकी जानकारी इसी के आधार पर भाषण दें। यदि आप गाँव में अंग्रेजी का ज्ञान कम है और आपको मोह है कि इनको अंग्रेजी का ज्ञान पिलाना है तो ध्यान रखें कि जो भी शब्द अंग्रेजी का उपयोग कर रहे हों या अंग्रेजी की कहावत कह रहे हों, उसको हिंदी में या भाषांतरित करके उसके पास पहुँच जाए। यह भी ध्यान रखें कि भाषण एक मुद्दे पर नहीं होता, तो एक मुद्दा इतना खींचा जाता है। एक बार मुझे याद कि मुझे ग्रेज्युएट कॉन्स्टीटेंसी पर भाषण देना था। अब उनका विषय तो कोई होता नहीं, अब लोगों को कैसे इकट्ठा करें?

तो उन दिनों स्वर्ण मंदिर में पुलिस गई थी। तब के दिन तो हमने गाँवों के सभी ग्रेजुएट्स को इकट्ठा किया। फिर हमने वर्णन शुरू किया, पुलिस स्वर्ण मंदिर में कैसे गई। हमारा एक घंटे का भाषण, हम 45 मिनट तक स्वर्ण मंदिर में पुलिस कैसे गई, इस पर ही भाषण देते गए तो हमारे एक मित्र ने कहा कि महाजनजी स्वर्ण मंदिर में से पुलिस को निकालना आसान है, किंतु यदि आप एक बार स्वर्ण मंदिर में घुसे तो आपको स्वर्ण मंदिर से बाहर निकालना मुश्किल हो जाएगा। तो इसलिए किसी भी एक मुद्दे का उस भाषण में कितनी मात्र हो, उसका प्रपोरेशन कितना हो, यह ध्यान रखना होगा।

अपने भाषण का प्रभाव भी ज्यादा लंबा करने से कम हो जाता है। इसलिए हम मानते हैं चीज कितनी भी मीठी हो, हमको कितनी भी भाती हो, एक हाथ से आदमी उसको खा नहीं सकता। यदि किसी को गुलाब जामुन पसंद है, खाना शुरू कर दिया। दस, बीस, पच्चीस, तीस, छत्तीस के बाद उसकी उलटी शुरू कर देगा। उसी गुलाब जामुन से जिसके खाने क्या सोचने के बाद भी उसके मुँह में पानी आना शुरू हो जाता था, आप खा नहीं सकते, इसलिए सारा ज्ञान नहीं उड़ेलें। इसलिए समय व मुद्दे का भी ध्यान रखें।

अंत में, मैं इतना ही कहना चाहता हूँ कि संवाद एक ऐसी कला है जिसको आत्मसात् किए बिना कोई भी व्यक्ति राजनीतिक जीवन में सफल हो नहीं सकता। कम-ज्यादा मात्रा में हो, हमको सबको इस कला को आत्मसात् करना चाहिए। इसलिए मैंने कुछ मुद्दे आपके सामने रखे। अंत में मैं इतना ही कहता हूँ कि लगभग मैं घंटे भर बोला हूँ, अनेक नुस्खे मैंने आपको सुझाए हैं। मेरे नुस्खे आपके जीवन में कैसे काम आएँगे, इस पर ज्यादा ध्यान दें। इतनी ही प्रार्थना करता हूँ, बहुत-बहुत धन्यवाद।

□

18

भाषण और जन-संपर्क

जन-संपर्क का कौशल संभाषण की प्रवीणता पर ही आधारित है। यह कहना ज्यादा अच्छा होगा कि 'प्रवाह कौशल ही पुख्ता जन-संपर्क की बुनियाद है।' जन-संपर्क वाणी के बूते मुखर होता है। अच्छी लेखनी तो मानव का अपना आविष्कार है और वाणी विलास जन्मजात प्रतिभा से उत्पन्न होता है। जन-संपर्क में प्रभावी बातचीत से ही लोगों को आकर्षित किया जा सकता है। यद्यपि जन-संपर्क मुख्य रूप से राजनीति और मार्केटिंग के क्षेत्र में लोगों का प्रभावित करने मुख्य शस्त्र माना जाता है। यह एक अथवा सीमित लोगों के साथ होता है, इसलिए इसे भाषण की अपेक्षा संभाषण की संज्ञा दी जानी चाहिए। सफल जन-संपर्क की परिभाषा यही है कि जनमानस को कितना प्रभावित किया जा सकता है।

जन-संपर्क एक तरह का वाणी पराक्रम भी है। जन-संपर्क के दौरान व्यक्ति के सभी अंग सक्रिय होते हैं। कहीं वाणी काम नहीं कर पाती हो, उसकी कमी भाव-मुद्रा पूरी कर देती है। इसमें वाचालता की ज्यादा आवश्यकता होती है-अर्थात् मुद्दे की सरसता उत्पन्न करना अथवा प्रशंसा का अतिरेक कर देना या फिर बात को इतना बढ़ा-चढ़ाकर कहना कि श्रोता सम्मोहित हुए बिना नहीं रह सके। यह एक तरह की रसीली वाक्पटुता है, जो कभी विफल हुई, ऐसे उदाहरण देखने को नहीं मिलते। अलबत्ता जन-संपर्क के दौरान वाणी विलास के इस आयुध का उपयोग तभी किया जाना चाहिए, जब सत्य और असत्य में जंग छिड़ी हो। ऐसे अवसरों पर वक्ता के पास तर्कों का तूणीर होना चाहिए और अभिव्यक्ति को मुखरित करने के लिए शब्दों की प्रत्यंचा भी कसी रहनी चाहिए। यदि सही समय पर सही बात कहने का अवसर हो तो समग्र तैयारी के साथ ही जाना चाहिए।

निस्संदेह प्रभावी जन-संपर्क के लिए वाचालता सबसे बड़ा शस्त्र है। किंतु इस बात को भी याद रखना चाहिए कि वाक्-कौशल और वाचालता दो भिन्न बातें हैं। वाक्-कौशल तो सरस्वती की देन है, किंतु वाचालता शाब्दिक वार करने का ऐसा अधिकार है, जो घातक भी हो सकता है। इसे बरसाती नदी के वेग की संज्ञा भी दी जा सकती है, जो उच्छृंखलता को प्रोत्साहित करती है; जो सँवारती कम, बिगाड़ती ज्यादा है। इसलिए इसे कला कौशल नहीं मानते हुए इस बात को गाँठ बाँध लेना चाहिए कि 'वाचालता वक्ता की शक्ति का अपव्यय करती है और उसे मानसिक रूप से विचलित कर देती है।'

वाणी विज्ञान में रुचि रखनेवाले को जानना चाहिए कि वाणी को चार भागों में विभक्त किया जा सकता है–बैखरी, मध्यमा, परा और पश्यंती। बैखरी जिह्वा से निकती है और आमतौर से जानकारी देने के काम आती है। अध्यापक इसी के द्वारा छात्रों को विभिन्न विषय पढ़ाते हैं। रोज की दिनचर्या में इसी का प्रयोग होता है। गप्पबाजी और चुगली से लेकर तरह-तरह के भले-बुरे प्रसंगों में सकारण-अकारण इसी का प्रयोग होता रहता है। यह जीभ से निकलती है और मन को हलका करने अथवा स्वार्थों का तालमेल बिठाने में काम आती है।

दूसरी मध्यमा वाणी है, जो चेहरे के प्रमुख अवयवों से फूटती है। आँखें, भौहें, नथने, कपोल, होंठ, गरदन की हलचल से भावनाओं का प्रकटीकरण होता है। वाणी के साथ इनकी भी गतिविधियाँ जुड़ती हैं और जो कहा जा रहा है, उसमें वक्ता का अंतराल किस सीमा तक किस स्तर पर संबद्ध है, इसका परिचय देती है। हो सकता है, शब्द कुछ कह रहे हों और अंतर में उसकी भिन्न प्रकार की स्थिति हो, यह मध्यमा से जाना जा सकता है। इसे एक प्रकार से अंतर का दर्पण कह सकते हैं। यह बिना शब्दोच्चार के भी हाव-भावों द्वारा व्यक्तित्व का स्तर एवं मनःस्थिति का प्रकटीकरण करती रहती है। यदि प्रकृति किसी स्वभाव विशेष में परिपक्व हो गई है तो चेहरा उसी साँचे में ढल जाता है और देखते ही पता चल जाता है कि व्यक्ति का स्वभाव एवं स्तर क्या होना चाहिए। अनुभवी लोग आकृति देखकर मुनष्य में बहुत कुछ पढ़ लेते हैं और फिर तदनुरूप ही उसके साथ तालमेल बिठाते हैं।

तीसरी वाणी वह, जो विचारधारा से संबंधित है। जिन विचारों का

जीवन पर प्रभाव होता है, जो विश्वास स्तर तक पहुँच चुके होते हैं, जिनके प्रति रुझान व पक्षपात होता है, वे स्वभाव के अंग बन जाते हैं और कार्य रूप में परिणत होते रहते हैं। परा वाणी मस्तिष्कीय विचार कंपनों के रूप में होती है। ये कंपन विद्युत् प्रवाह की तरह आकाश में भी भ्रमण करने के लिए निकल पड़ते हैं और सबसे प्रथम संपर्क क्षेत्र को प्रभावित करते हैं। इसे मस्तिष्क बोलते और मस्तिष्क ही सुनते हैं।

चौथी पश्यंती वाणी आत्मा से निकलती है और दूसरी आत्मा के साथ टकराती है, बल के अनुरूप हारती या जीतती है। यह मनुष्य के अंत:क्षेत्र में अवस्थित श्रद्धा, आस्था, आकांक्षा से संबंधित है और समूचे व्यक्तित्व को अपने में समेटे रहती है। इसमें प्राण भरा रहता है। यह समीपवर्ती लोगों को अपने अनुरूप बनाने का आग्रह करती है। यह दुर्बल होने पर निष्फल भी रह सकती है, पर यदि समर्थ हुई तो दबंगों को भी अपने चंगुल में जकड़ लेती है। ऋषि आश्रमों में जाकर सिंह भी अहिंसक हो जाते थे और गाय के साथ एक घाट पर पानी पीते थे। यह पश्यंती वाणी का चमत्कार है। कुसंग और सत्संग से पड़नेवाले प्रभाव को इसी क्षेत्र की परिणति कहना चाहिए।

सुभाषचंद्र बोस ने अपनी ओजस्वी वाणी से ऐसा जन-संपर्क साधा कि लोग उनकी एक आवाज पर गरदन कटाने को तत्पर हो गए। उनके इस भाषण द्वारा भाषण के मूल तत्त्वों को समझा जा सकता है–

तुम मुझे खून दो, मैं तुम्हें आजादी दूँगा

मित्रो! बारह महीने पहले पूर्ण संग्रहण या परम बलिदान का एक नया कार्यक्रम पूर्वी एशिया में मौजूद भारतीयों के समक्ष रखा गया था। आज मैं आपको पिछले वर्ष की उपलब्धियों का लेखा-जोखा दूँगा और आपके सामने आनेवाले वर्ष के लिए हमारी माँगें रखूँगा। लेकिन यह बताने से पहले मैं चाहता हूँ कि आप इस बात को समझें कि एक बार फिर हमारे सामने स्वतंत्रता हासिल करने का स्वर्णिम अवसर है। अंग्रेज एक विश्वव्यापी संघर्ष में लगे हुए हैं और इस संघर्ष के दौरान उन्हें कई मोर्चों पर बार-बार हार का सामना करना पड़ा है। इस प्रकार दुश्मन बहुत हद तक कमजोर हो गया है। स्वतंत्रता के लिए हमारी लड़ाई आज से पाँच साल पहले की तुलना में काफी आसान हो गई है। ईश्वर द्वारा दिया गया ऐसा दुर्लभ अवसर सदी

में एक बार आता है। इसलिए हमने प्रण लिया है कि हम इस अवसर का पूर्ण उपयोग अपनी मातृभूमि को अंग्रेजी दासता से मुक्त कराने के लिए करेंगे।

मैं हमारे इस संघर्ष के परिणाम को लेकर बिलकुल आश्वस्त हूँ, क्योंकि मैं सिर्फ पूर्वी एशिया में मौजूद 30 लाख भारतीयों के प्रयत्नों पर निर्भर नहीं हूँ; भारत के अंदर भी एक विशाल आंदोलन चल रहा है और हमारे करोड़ों देशवासी स्वतंत्रता पाने के लिए कष्ट सहने तथा बलिदान देने को तैयार हैं।

दुर्भाग्यवश सन् 1857 के महासंग्राम के बाद से हमारे देशवासी अस्त्रहीन हैं और दुश्मन पूरी तरह सशस्त्र है। बिना हथियारों और आधुनिक सेना के यह असंभव है कि इस आधुनिक युग में निहत्थे आजादी की लड़ाई जीती जा सके। ईश्वर की कृपा और जापानियों की मदद से पूर्वी एशिया में मौजूद भारतीयों के लिए हथियार प्राप्त करके आधुनिक सेना खड़ी करना संभव हो गया है। इसके अलावा पूर्वी एशिया में सभी भारतीय उस व्यक्ति से जुड़े हुए हैं, जो स्वतंत्रता के लिए संघर्ष कर रहा है। अंग्रेजों द्वारा भारत में पैदा किए गए सभी धार्मिक एवं अन्य मतभेद यहाँ मौजूद नहीं हैं। नतीजतन, अब हमारे संघर्ष की सफलता के लिए परिस्थितियाँ आदर्श हैं और अब बस इस बात की आवश्यकता है कि भारतीय आजादी की कीमत चुकाने के लिए खुद सामने आएँ। पूर्ण संग्रहण कार्यक्रम के अंतर्गत मैंने आपसे मैन, मनी और मैटीरियल की माँग की थी। जहाँ तक लोगों का सवाल है, मुझे यह बताते हुए खुशी हो रही है कि मैंने पहले से ही पर्याप्त लोग भरती कर लिये हैं। भरती हुए लोग पूर्वी एशिया के सभी कोनों से हैं–चीन, जापान, भारत, फिलीपींस, जावा, बोर्नियो, सेलेबस, सुमात्रा, मलय, थाईलैंड और बर्मा। आपको मैन, मनी, मैटेरियल की आपूर्ति पूरे जोश और ऊर्जा के साथ जारी रखनी होगी, विशेष रूप से संचय व परिवहन की समस्या को हल किया जाना चाहिए।

हमें मुक्त हुए क्षेत्रों के प्रशासन और पुनर्निर्माण हेतु हर वर्ग के पुरुषों व महिलाओं की आवश्यकता है। सबसे महत्त्वपूर्ण समस्या मोर्चों पर लड़ रहे सैनिकों को अतिरिक्त सैन्य बल और सामग्री पहुँचाने की है। अगर हम ऐसा नहीं करते हैं तो हम लड़ाई के मोर्चों पर अपनी सफलता बनाए रखने की उम्मीद नहीं कर सकते और न ही भारत के अंदर गहरी पैठ करने

की उम्मीद कर सकते हैं।

आप में से जो लोग इस घरेलू मोर्चे पर काम करना जारी रखेंगे उन्हें यह कभी नहीं भूलना चाहिए कि पूर्वी एशिया–विशेष रूप से बर्मा–आजादी की लड़ाई के लिए हमारा आधार है। अगर यह आधार मजबूत नहीं रहेगा तो हमारी सेना कभी विजयी नहीं हो पाएगी। याद रखिए, यह पूर्ण युद्ध है और सिर्फ दो सेनाओं के बीच की लड़ाई नहीं। यही वजह है कि पूरे एक साल से मैं पूर्व में पूर्ण संग्रहण के लिए जोर लगा रहा हूँ।

एक और वजह है कि क्यों मैं आपको घरेलू मोर्चे पर सजग रहने के लिए कह रहा हूँ। आनेवाले महीनों में मैं और युद्ध समिति के मेरे सहयोगी चाहते हैं कि अपना सारा ध्यान लड़ाई के मोर्चों और भारत के अंदर क्रांति लाने के काम पर लगाएँ। इसीलिए हम पूरी तरह आश्वस्त होना चाहते हैं कि हमारी अनुपस्थिति में भी यहाँ का काम बिना बाधा के सुचारु रूप से चलता रहे।

मित्रो! एक साल पहले जब मैंने आपसे कुछ माँगें की थीं, तब कहा था कि अगर आप मुझे पूर्ण संग्रहण देंगे तो मैं आपको 'दूसरा मोर्चा' दूँगा। मैंने उस वचन को निभाया है। हमारे अभियान का पहला चरण खत्म हो गया है। हमारे विजयी सैनिक जापानी सैनिकों के साथ कंधे से कंधा मिलाकर लड़ रहे हैं। उन्होंने दुश्मन को पीछे ढकेल दिया है और अब बहादुरी से अपनी मातृभूमि पर लड़ रहे हैं।

आगे जो काम है, उसके लिए अपनी कमर कस लीजिए। मैंने मैन, मनी, मैटेरियल के लिए कहा था। मुझे वो पर्याप्त मात्रा में मिल गए हैं। अब मुझे आप चाहिए। मैन, मनी, मैटेरियल अपने आप में जीत या स्वतंत्रता नहीं दिला सकते। हमारे अंदर प्रेरणा की शक्ति होनी चाहिए, जो हमें वीरतापूर्ण और साहसिक कार्य करने के लिए प्रेरित करे।

सिर्फ ऐसी इच्छा रखना कि 'अब भारत स्वतंत्र हो जाएगा, क्योंकि विजय अब हमारी पहुँच में है', एक घातक गलती होगी। किसी के अंदर स्वतंत्रता का आनंद लेने के लिए जीने की इच्छा नहीं होनी चाहिए। हमारे सामने अभी भी एक लंबी लड़ाई है।

आज हमारे अंदर बस एक ही इच्छा होनी चाहिए–मरने की इच्छा, ताकि भारत जी सके; एक शहीद की मृत्यु की इच्छा, ताकि स्वतंत्रता का पथ शहीदों के रक्त से प्रशस्त हो सके।

मित्रो! स्वतंत्रता संग्राम में भाग ले रहे मेरे साथियो! आज मैं किसी भी चीज से ज्यादा आपसे एक चीज की माँग करता हूँ। मैं आपसे आपके खून की माँग करता हूँ। केवल खून ही दुश्मन द्वारा बहाए गए खून का बदला ले सकता है। सिर्फ और सिर्फ खून ही आजादी की कीमत चुका सकता है।

(सुभाषचंद्र बोस, 4 जुलाई, 1944, बर्मा)

□

19

शब्दों की अमोघ शक्ति को पहचानें

प्रख्यात अध्येता एमर्सन का कहना था कि 'भाषण एक शक्ति है। इसका सर्वोत्तम उपयोग अवांछनीय को छोड़ने तथा श्रेष्ठता को अपनाने में है।' इसी प्रकार प्लेटो ने भाषण को एक ऐसी शक्ति परिभाषित किया है, जिससे लोगों की मानसिकता को नियंत्रित किया जा सकता है। शब्द समाज में प्रयोग में लाया जानेवाला सर्वोत्तम रसायन है। इसी प्रकार समर्थ गुरु रामदास का कहना था कि 'सांसारिकता के प्रति हमारा मैत्री भाव है, किंतु उसकी चाबी जीभ के कपाट में बंद है।'

जब हम वाणी विलास की बात करते हैं तो इसका अंतर्निहित अर्थ बड़ा विशाल हो जाता है कि मनुष्य की शिक्षा, शिष्टाचार, चातुर्य और बौद्धिकता वाणी से ही मुखर होती है। इसलिए यदि प्रतिष्ठा-प्राप्ति की चाहत है तो इसके लिए वाणी का परिष्कृत होना नितांत आवश्यक है।

वेदों में तो वाक् शक्ति को अमोघ बताया गया है। विचार शक्ति को संसार में अपरिमित इसीलिए बताया गया है। विद्वानों का यह कथन अत्यंत सारगर्भित है कि 'प्रकृति में कदम-कदम पर सौंदर्य बिखरा पड़ा है, किंतु शब्दों का सौंदर्य अपार है। कर्मों की अपेक्षा विचारों का कद बड़ा है, क्योंकि किसी भी कालखंड का इतिहास तत्कालीन समय की विचारधारा का अध्ययन करने के बाद ही लिया जाता है।'

विचार शक्ति की महत्ता समझें तो दुनिया में अनेक युद्ध तो महज इस ज्ञान के अभाव में लड़ लिये गए, जबकि वार्त्तालाप से उनका हल निकाला जा सकता था। इसलिए कहा जाता है कि जो वैचारिक दृष्टि से भी नहीं जीत सका, उसका जीतना निरर्थक है। अध्यापक और उपदेशक आज सबको शिरोधार्य हैं तो महज इसलिए कि वे वाक् शक्ति के बल पर ही इस उच्च

स्थिति तक पहुँचे हैं।

अध्यात्म, राजनीति और सामाजिक क्षेत्रों में लोगों को प्रभावित करनेवाली बुद्ध, महावीर, शंकराचार्य, विवेकानंद, विनोबा भावे, तिलक व सुभाष जैसी विभूतियों ने शब्द शक्ति के पराक्रम से ही युग परिवर्तन की शुरुआत की। शब्द की शक्ति को समझनेवाला कुशल वक्ता क्या नहीं कर सकता! चाहे प्रसंग कथावाचन का हो अथवा राजनीतिक सभा का, श्रोताओं की रौद्रता, रुदन और हास्य-मिश्रित मुद्राएँ अच्छे वक्ता के कथन की परिणति होती हैं। यह कौशल उच्चारण की गति, भावों का समन्वय, घटना की प्रस्तुति, तर्क और प्रमाणों के तारतम्य पर ही निर्भर होता है। कुशल वक्ता वही है, जिसका भाषण अथवा कथन इतना हृदयस्पर्शी हो कि श्रोता पूरी तरह भावावेश में आ जाए। नेपोलियन बोनापार्ट, सुभाषचंद्र बोस, लोकमान्य तिलक, लाला लाजपतराय और पं. जवाहरलाल नेहरू इस संदर्भ में उदाहरण कहे जाएँगे, जिनके ओजपूर्ण भाषण लोगों में जोश जगा देते थे। वक्तृत्व कला की दृष्टि से उनका भाषण आज भी कालजयी है।

कहावत है कि जिस तरह पानी के दबाव से नदियों और झरने का बहाव तेज हो जाता है, उसी प्रकार वक्ता की भावनाएँ जितनी प्रचंड होंगी उतना ही उसके भाषण में संवेग होगा। सूरदास, तुलसीदास आदि संतों के भजनों में आज भी इतना उन्माद क्यों है कि लोग भाव-विभोर होकर नाचने लग जाते हैं। भले ही उनका व्यक्तित्व इतना प्रभावशाली नहीं था, किंतु उनकी रचनाओं में छिपा हुआ मर्म अत्यंत प्रभावशाली था, यानी उनमें गजब की शब्द शक्ति थी।

कहते हैं कि जब हिटलर भाषण देता था तो लोगों का खून खौल जाता था। गांधीजी में शब्द शक्ति का गजब का प्रवाह था, तभी तो उन्होंने जनता को स्वतंत्रता संग्राम के मोर्चे पर खड़ा कर दिया। अमेरिकी राष्ट्रपति अब्राहम लिंकन भले ही लुंज-पुंज शख्सियत के मालिक थे, लेकिन उनके शब्दों में गजब की धार थी। दिलचस्प बात है कि बोलने से पहले संबद्ध विषय की इतनी सामग्री एकत्रित कर लेते थे कि उनका भाषण तेज गति से चलनेवाली नदी सरीखा होता था। श्रोताओं को पलक झपकने तक का अवसर नहीं मिलता था।

भगवान् बुद्ध को युग प्रवर्तक इसीलिए कहा जाता है कि उन्होंने अपने उपदेशों में मर्मस्पर्शी भाव पैदा किया। यही वजह रही कि उनके जीवन काल में ही लाखों लोग भिक्षु-भिक्षुणी बन गए। भारत की आजादी की लड़ाई को

आगे बढ़ानेवाले दादाभाई नौरोजी, रानाडे, गोखले के भाषणों में तारतम्य भले ही बिखरा-सा था, किंतु शब्दों के बाण बहुत तीखे होते थे। यदि कलात्मकता की बात की जाए तो महात्मा गांधी के भाषणों में इसकी प्रचुरता नहीं थी, किंतु उनकी वाणी में उनका व्यक्तित्व समाहित था। जबकि ऐसे लोग दुनिया में इने-गिने ही पैदा हुए हैं।

भाषण कब किया जाना चाहिए, इस बारे में विद्वानों का अद्‌भुत अभिमत है कि 'जब भीतर से भावनाओं का आवेग उमड़ रहा हो, भाषण तभी देना चाहिए। अगर राष्ट्रीय विभूतियों और मनीषियों को याद किया जाए तो एक बात प्रत्येक व्यक्ति पर समान रूप से लागू होगी कि 'उनमें गजब का वाक्-कौशल था और वाणी में ओजस्विता थी। हालाँकि ओजपूर्ण वाणी और भावनाओं की प्रखरता एक ही सिक्के के दो पहलू हैं। किंतु वक्ता का सर्वोच्च स्वरूप तभी फलीभूत होता है, जब उसमें ज्ञान और भाव का निर्झर फूटता हो। सदैव याद रखना चाहिए कि अन्य विधाओं के अनुरूप भाषण-कला में पारंगत होने के लिए अभ्यास, अनुभव, सदिच्छा और सतर्कता नितांत आवश्यक है।

पेट भरने के लिए अपना ही मुँह चलाना पड़ता है। पढ़ने के लिए अपनी ही बुद्धि लड़ानी पड़ती है। दूसरे के मुँह से किसने पेट भरा है? दूसरों की बुद्धि का सहारा लेकर कौन विद्वान् बना है? आत्मिक प्रगति की आकांक्षा भी अपने ही साधनात्मक पुरुषार्थ से पूरी होती है। उसमें देवताओं का अनुग्रह एक सीमा तक पात्रता के अनुरूप हो सकता है। बात पात्रता पर आई तो वह भी पुरुषार्थ से पूरी होती है। आत्म-क्षेत्र के गहन मंथन को ही साधना, उपासना आदि नामों से संबोधित किया जाता है।

प्राचीनकाल में अनेक दिव्य अस्त्र-शस्त्रों का प्रयोग होता था। तंत्र शास्त्र में प्रायः इसी प्रकार के उपचारों की भरमार है। उस क्षेत्र में ऐसी उपलब्धियों की भरमार थी, जो क्षमताओं, सुविधाओं और सफलताओं का भंडार सामने ला खड़ा करती थी। इस प्रकार के उपायों को योग-तप कहा जाता था। उनके द्वारा भौतिक क्षेत्र में सिद्धियों को प्राप्त किया जाता था। साथ ही अंतःक्षेत्र को आनंद-उल्लास से भरे रहनेवाले स्वर्ग-मोक्ष का लाभ मिलता था। यह समूचा उपार्जन अंतःक्षेत्र का है। विशाल ब्रह्मांड में जो कुछ है, वह अपने काया-पिंड में बीज रूप में विद्यमान है। उसमें से जो उपयोगी हो, उसे उभारने का पुरुषार्थ करना ही आत्म-साधना का उद्‌देश्य है। जहाँ तथ्यों का ध्यान रखते हुए विद्या

को निष्ठापूर्वक अपनाते हुए प्रयास हुए हैं, वहाँ अभीष्ट सफलता भी मिली है। ऋषि युग का इतिहास इसका साक्षी है।

कायिक और मानसिक क्षेत्र की संरचना एक सर्वांगपूर्ण यंत्र उपकरणों से भरी-पूरी प्रयोगशाला के समान है। उसे अभीष्ट उत्पादन में समर्थ फैक्टरी भी कहा जा सकता है। इन तथ्यों से अवगत होने के उपरांत दूसरा प्रश्न उत्पन्न होता है कि इस कारखाने को चलाने के लिए ऊर्जा कहाँ से मिले? ईंधन कहाँ से जुटे?

बिजली, भाप, ताप आदि का कोई स्रोत-साधन तो होना ही चाहिए, अन्यथा बहुमूल्य मशीनें भी तनिक सी हलचल नहीं कर सकतीं। उपकरणों को ऊर्जा ही तो चलाती है। इस ऊर्जा के लिए भी कहीं बाहर जाने की आवश्यकता नहीं है। वह भी प्रचुर परिणाम में उसी समय समर्थ स्रष्टा में हस्तांतरित कर दी जाती है, यह ऊर्जा-ईंधन क्या है?

'शब्द शक्ति' काया से जो शब्द निकलते हैं, सामान्यत: वे विचारों के आदान-प्रदान में काम आते हैं। यही उसका मोटा काम चलाऊ उपयोग है। इससे ऊँचे स्तर की शब्द शक्ति वह है, जो जीभ से नहीं, मुखाकृति, मस्तिष्क एवं अंत:करण से निकलती है। यदि भाषण का आनंद लेना हो, उसे चमत्कारी सफलता प्रस्तुत करने में समर्थ देखना हो तो फिर जिह्वा तक सीमित न रहकर रहस्यमयी वाणियों को मुखर करने के लिए साधनात्मक अभ्यास की आवश्यकता समझनी चहिए। वाणी की कला भी अपने स्थान पर उपयोगी है, पर लोकमानस की दिशाधारा निकृष्टता से उलटकर उत्कृष्टता की ओर मोड़ना हो तो उसके लिए उच्च स्तरीय शब्द शक्ति चाहिए और उसके लिए भाषण-कला सीखने तक सीमित न रहकर यह भी अनुभव करना चाहए कि मात्र कंठ ही न बोले, वक्ता का समूचा व्यक्तित्व ही मंच पर मुखर हो उठे। सुननेवालों के कर्ण छिद्रों में रस टपका देने का काम तो विदूषक, गायक, नर्तक भी कर लेते हैं; पर उतने भर से असंख्यों के जीवन-क्रम में उलट जाने की आशा कहाँ बँधती है!

वक्ता की वाणी ऐसी होनी चाहिए जैसी नारद की थी। बुद्ध और गांधी भी उसी श्रेणी में आते हैं। गुरु गोविंद सिंह, समर्थ गुरु रामदास, विवेकानंद, दयानंद आदि भी ऐसी ही वाणी में बोलते थे, जो सुननेवालों को मथ डालती थी। उन्हें गेंद की तरह कहीं-से-कहीं उछाल देती थी।

शब्द शक्ति के बारे में अधिक गंभीरता के साथ सोचना चाहिए। उस प्रतिपादन पर ध्यान देना चाहिए, जिसे 'शब्द और नाद ब्रह्म' की महिमा

शास्त्रकारों ने अनंत रूपों में और गंभीरता के साथ प्रस्तुत की है।

शब्द ब्रह्म अर्थात् गद्य उच्चारण, नाद ब्रह्म अर्थात् ताल स्वर पर आश्रित गीत-वाद्य, इसके सूक्ष्म उपचार भी हैं। मंत्र विज्ञान को इसी क्षेत्र की महान् उपलब्धि कहा जा सकता है। मंत्र में शब्द गुंथन की विशेषता भी एक तथ्य है, पर उससे भी कहीं अधिक विशिष्टता मांत्रिक की निजी जीवनचर्या के साथ जुड़ी रहती है। मंत्र शक्ति में वाणी का उच्चारण विधान ही पर्याप्त नहीं माना जाता। इसकी प्राण-प्रतिष्ठा उस साधना द्वारा होती है, जिसमें मंत्र को सिद्ध करने के लिए भाव-भरे पुरश्चरण किए जाते हैं। इस प्रक्रिया का तात्त्विक स्वरूप इतना ही है कि मांत्रिक को, साधक को अपनी जीवनचर्या में उत्कृष्टता का सघन समावेश करना चाहिए। उसे ऋषिकल्प होना चाहिए।

यहाँ दशरथ की पुत्र-प्राप्ति की अभिलाषा को पूर्ण करने के लिए किए गए पुत्रेष्टि यज्ञ का स्मरण करना चाहिए, जिसमें वसिष्ठ ने राज्य धान्य खाने के कारण मंत्र शक्ति उत्पन्न करने में अपनी असमर्थता व्यक्त की थी। वाणी की प्रखरतावाले शृंगी ऋषि उस कार्य के लिए बुलाए गए थे, तब प्रयोजन पूर्ण हुआ था। मंत्र का रहस्य साधक की जीवन-साधना के साथ अविच्छिन्न रूप से जुड़ा हुआ है।

लोक-मान्यताओं में पैठी हुई अवांछनीयता को उलटकर उस क्षेत्र में औचित्य की नए सिरे से प्राण-प्रतिष्ठा होनी है, ऐसी दशा में उसके उपयुक्त साधन-सामग्री ही खोजनी होगी। वह भी ऐसी, जिसके लिए जहाँ-तहाँ हाथ पसारते न फिरना पड़े। हमें अपना ही कार्य-कलेवर एक सर्वांगपूर्ण प्रयोगशाला की तरह प्रयुक्त करने के लिए परिष्कृत स्तर का बनाना पड़ेगा। परिष्कृत अर्थात् पवित्र, प्रखर। उसके लिए संयम, साधन और परमार्थ-परायणता दोनों ही प्रयोग साथ-साथ चलने चाहिए।

वक्ता का प्रशिक्षण दो प्रयोजनों से होता है। एक तो सामाजिक विचार क्रांति की आवश्यकता पूरी करने के लिए प्राणवान वक्ता चाहिए, जो अपनी प्रखरता से संपर्क-समुदाय को भाव-तरंगित करने एवं युग प्रवाह में धकेलने में सफल हो सके। साथ ही इस अभ्यास का अगला प्रयोग उस शब्द शक्ति को उभारने के रूप में होगा, जिससे जाग्रत् आत्माओं को अपनी काया का उपयोग समर्थ प्रयोगशाला के रूप में करने का अवसर मिल सके। यह प्रयोगशाला हममें से हर किसी को स्रष्टा की अनुकंपा से अनायास ही उपलब्ध है।

देश के पहले प्रधानमंत्री पं. जवाहरलाल नेहरू द्वारा स्वतंत्रता की पूर्व

संध्या पर दिया गया भाषण शब्द-शक्ति का जीवंत उदाहरण है; यथा-

भाग्य के साथ गुप्त भेंट

कई वर्षों पहले हमने नियति को मिलने का एक वचन दिया था और अब समय आ गया है कि हम अपने वचन को निभाएँ—पूरी तरह न सही, लेकिन बहुत हद तक। आज रात बारह बजे, जब सारी दुनिया सो रही होगी, भारत जीवन और स्वतंत्रता की नई सुबह के साथ उठेगा। एक ऐसा क्षण, जो इतिहास में बहुत ही कम आता है, जब हम पुराने को छोड़ नए की तरफ जाते हैं, जब एक युग का अंत होता है और जब वर्षों से शोषित एक देश की आत्मा अपनी बात कह सकती है। यह एक संयोग है कि इस पवित्र मौके पर हम समर्पण के साथ खुद को भारत तथा उसकी जनता की सेवा और उससे भी बढ़कर सारी मानवता की सेवा करने के लिए प्रतिज्ञा ले रहे हैं।

इतिहास के आरंभ के साथ ही भारत ने अपनी अंतहीन खोज प्रारंभ की और न जाने कितनी ही सदियाँ इसकी भव्य सफलताओं व असफलताओं से भरी हुई हैं। चाहे अच्छा वक्त हो या बुरा, भारत ने कभी इस खोज से अपनी दृष्टि नहीं हटाई और कभी भी अपने उन आदर्शों को नहीं भूला जिसने इसे शक्ति दी। आज हम दुर्भाग्य के एक युग का अंत कर रहे हैं और भारत पुनः स्वयं को खोज पा रहा है। आज हम जिस उपलब्धि का उत्सव मना रहे हैं, वह महज एक कदम है। नए अवसरों के खुलने का, इससे भी बड़ी विजय और उपलब्धियाँ हमारी प्रतीक्षा कर रही हैं। क्या हममें इतनी शक्ति और बुद्धिमत्ता है कि हम इस अवसर को समझें और भविष्य की चुनौतियों को स्वीकार करें?

भविष्य में हमें विश्राम करना या चैन से नहीं बैठना है, बल्कि निरंतर प्रयास करना है, ताकि हम जो वचन बार-बार दोहराते रहे हैं और जिसे हम आज भी दोहराएँगे, उसे पूरा कर सकें। भारत की सेवा का अर्थ है लाखों-करोड़ों पीड़ित लोगों की सेवा करना। इसका मतलब है गरीबी और अज्ञानता को मिटाना, बीमारियों और अवसर की असमानता को मिटाना। हमारी पी.ढ़ी के सबसे महान् व्यक्ति की यही महत्त्वाकांक्षा रही है कि हर एक आँख से आँसू मिट जाएँ। शायद यह हमारे लिए संभव न हो, पर जब तक लोगों की आँखों में आँसू हैं और वे पीड़ित हैं, तब तक हमारा काम खत्म नहीं होगा।

और इसलिए हमें परिश्रम करना होगा और कठिन परिश्रम करना होगा,

ताकि हम अपने सपनों को साकार कर सकें। वे सपने भारत के लिए हैं, पर साथ ही वे पूरे विश्व के लिए भी हैं। आज कोई खुद को बिलकुल अलग नहीं सोच सकता, क्योंकि सभी राष्ट्र और लोग एक-दूसरे से बड़ी समीपता से जुड़े हुए हैं। शांति को अविभाज्य कहा गया है। इसी तरह से स्वतंत्रता भी अविभाज्य है, समृद्धि भी और विनाश भी। अब इस दुनिया को छोटे-छोटे हिस्सों में नहीं बाँटा जा सकता। हमें स्वतंत्र भारत का महान् निर्माण करना है, जहाँ उसके सारे बच्चे रह सकें।

आज नियत समय आ गया है–एक ऐसा दिन, जिसे नियति ने तय किया था और एक बार फिर वर्षों के संघर्ष के बाद भारत जाग्रत् और स्वतंत्र खड़ा है। कुछ हद तक अभी भी हमारा भूत हमसे चिपका हुआ है, और हम अकसर जो वचन लेते रहे हैं, उसे निभाने से पहले बहुत कुछ करना है। पर फिर भी निर्णायक बिंदु अतीत हो चुका है और हमारे लिए एक नया इतिहास आरंभ हो चुका है, एक ऐसा इतिहास जिसे हम गढ़ेंगे और जिसके बारे में और लोग लिखेंगे।

यह हमारे लिए एक सौभाग्य का क्षण है, एक नए तारे का उदय हुआ है। पूरब में स्वतंत्रता का सितारा, एक नई आशा का जन्म हुआ है, एक दूरदर्शिता अस्तित्व में आई है। काश, ये तारा कभी अस्त न हो और ये आशा कभी धूमिल न हो! हम सदा इस स्वतंत्रता में आनंदित रहें।

भविष्य हमें बुला रहा है। हमें किधर जाना चाहिए और हमारे क्या प्रयास होने चाहिए, जिससे हम आम आदमी, किसानों और कामगारों के लिए स्वतंत्रता व अवसर ला सकें; हम गरीबी, अज्ञानता और बीमारियों से लड़ सकें; हम एक समृद्ध, लोकतांत्रिक और प्रगतिशील देश का निर्माण कर सकें और हम ऐसी सामाजिक, आर्थिक व राजनीतिक संस्थाओं की स्थापना कर सकें, जो हर एक स्त्री-पुरुष के लिए जीवन की परिपूर्णता और न्याय सुनिश्चित कर सके।

हमें कठिन परिश्रम करना होगा। हममें से कोई भी तब तक चैन से नहीं बैठ सकता है, जब तक हम अपने वचन को पूरी तरह निभा नहीं देते; जब तक हम भारत के सभी लोगों को उस गंतव्य तक नहीं पहुँचा देते, जहाँ भाग्य उन्हें पहुँचाना चाहता है। हम सभी एक महान् देश के नागरिक हैं, जो तीव्र विकास की कगार पर है और हमें उस उच्च स्तर को पाना होगा। हम सभी चाहे जिस धर्म के हों, समान रूप से भारत माँ की संतान हैं और हम सभी के

बराबर अधिकार व दायित्व हैं। हम सांप्रदायिकता और संकीर्ण सोच को बढ़ावा नहीं दे सकते, क्योंकि कोई भी देश तब तक महान् नहीं बन सकता, जब तक उसके लोगों की सोच या कर्म संकीर्ण हैं।

विश्व के देशों और लोगों को शुभकामनाएँ भेजिए और उनके साथ मिलकर शांति, स्वतंत्रता एवं लोकतंत्र को बढ़ावा देने की प्रतिज्ञा लीजिए। और हम अपनी प्यारी मातृभूमि, प्राचीन, शाश्वत और निरंतर नवीन भारत को श्रद्धांजलि अर्पित करते हैं तथा एकजुट होकर नए सिरे से इसकी सेवा करते हैं। जय हिंद!

(पं. जवाहरलाल नेहरू, मध्य रात्रि, 14 अगस्त, 1947)

□

20

कमजोर पड़ती भाषण कला

कभी भाषण कला राजनीति का अनिवार्य हिस्सा हुआ करती थी। आज किसी भी पार्टी में ऐसे नेता नहीं दिखते जिनके भाषणों पर ध्यान जाए या जिनके कुछ वाक्य हमारी स्मृति में दर्ज हो सकें। पहले नेताओं के भाषणों का मकसद आज की तरह सिर्फ अपने विरोधियों को चित करना भर नहीं होता था। इसके जरिए वे जनता को शिक्षित और जागरूक करना चाहते थे, उनके साथ जीवंत संवाद कायम करना चाहते थे, उनसे आत्मीय रिश्ता बनाना चाहते थे। वे प्रतीक गढ़ते थे, वाक्यों में तथ्यों को पिरोते थे और अपने विट एवं हास्य-बोध से उन्हें नया रंग दे देते थे। इसके सबसे बड़े उदाहरण थे जवाहरलाल नेहरू। उनके भाषण में ज्ञान और कवित्व का मेल दिखता था। आजादी की घोषणा के बाद देश के प्रथम प्रधानमंत्री के रूप में दिया गया उनका भाषण, जिसमें उन्होंने भाग्य-वधू का रूपक खड़ा किया था, एक ऐतिहासिक दस्तावेज बन गया। मौलाना आजाद भी प्रभावशाली वक्ता थे। सच कहा जाए तो गांधीजी को छोड़कर आजादी के आंदोलन के दौर के ज्यादातर नेताओं में यह गुण था। नेहरू की ही तरह एक अच्छे वक्ता के रूप में लोहिया की एक विशिष्ट पहचान बनी। वे जटिल-से-जटिल बात को भी सरल बनाकर जनता के दिमाग में बिठा देते थे। इंदिरा गांधी में भी यह क्षमता थी।

भारतीय जनता पार्टी के वरिष्ठ नेता अटल बिहारी वाजपेयी के भाषणों में अद्भुत विट झलकता था। वे अपने विरोधियों पर ऐसी रोचक टिप्पणी करते थे, जिससे उनका मकसद भी पूरा हो जाता था और कड़वाहट भी पैदा नहीं होती थी। उनके बाद वी.पी. सिंह और चंद्रशेखर की अपने भाषणों के कारण पहचान बनी। इधर के नेताओं में लालू प्रसाद यादव को इस वजह से लोकप्रियता मिली। उनमें शब्दों के साथ खेलने की क्षमता है।

राजनीति में भाषण कला दम तोड़ रही है। नेता या तो बेजान सरकारी भाषा बोलते हैं या फिर एक-दूसरे पर चीखते-चिल्लाते हैं। आज पॉलिटिक्स का फॉर्म बदला है। अब जनसभाओं से ज्यादा टी.वी. कैमरों पर भरोसा किया जाता है। अब भाषणों से नहीं, बाइट्स से जनता को संदेश दिया जाता है। इसलिए नेताओं का काम दो-तीन पंक्तियों में ही चल जाता है। चूँकि राजनीति एक निजी धंधे में बदलती जा रही है, इसलिए जनता को शिक्षित करने का एजेंडा भी समाप्त हो गया है। भाषण कला की विदाई दरअसल राजनीति से कुछ मूल्यों की विदाई भी है।

(साभार नभाटा)

आप बोलने की कला जानते हैं?

प्रसिद्ध ग्रीक दार्शनिक सुकरात के पास एक युवक भाषण कला सीखने के उद्देश्य से आया। सुकरात ने स्वीकृति तो दी, किंतु दुगुने शुल्क की माँग की। युवक आश्चर्य से बोला, 'मैं तो पहले से ही बोलने का अभ्यस्त हूँ, फिर भी आप मुझसे दूने शुल्क की माँग कर रहे हैं!'

तब सुकरात ने कहा, 'तुम्हें बोलना नहीं बल्कि चुप रहना सिखाने में दूना श्रम करना पड़ेगा।'

बोलने और चुप रहने के ताने-बाने में मनुष्य सदैव ही उलझता आया है। मनुष्य के जीवन में सुख और दुःख के जो प्रमुख कारण हैं, उनमें वाणी भी एक है। संत कबीर कहते हैं–

एक शब्द सुखरास है, एक शब्द दुखरास।
एक शब्द बंधन करै, एक शब्द गलफाँस।।

वाणी की इस द्वैधी प्रकृति को संतों ने बड़ी गहनता से अनुभूत किया था, इसलिए उन्होंने वाणी के संयमित उपयोग के प्रति लोगों को सदैव सचेत किया। संत कबीर ने एक पद में बताया है कि कब, किससे, क्या बोलना चाहिए–

बोलत बोलत बाढ़ विकारा, सो बोलिए जो पड़े विचारा।
मिलहिं संत वचन दुइ कहिए, मिलहिं असंत मौन होय रहिए।
पंडित सों बोलिए हितकारी, मूरख सों रहिए झखमारी।

कन्फ्यूशियस ने कहा है, 'शब्दों को नाप-तौलकर बोलो, जिससे तुम्हारी

सज्जनता टपके।'

कबीर ने भी यही कहा है–

बोली तो अनमोल है, जो कोई बोले जान।
हिये तराजू तौल के, तब मुख बाहर आन।।

वाणी का अत्यधिक उपयोग प्रायः विकार उत्पन्न करता है, इसलिए संयमित वाणी को विद्वानों ने अधिक महत्त्व दिया है। ऋषि नैषध कहते हैं–'मितं च सार वचो हि वाग्मिता', अर्थात् थोड़ा और सारयुक्त बोलना ही पांडित्य है। जैन और बौद्ध धर्मों में वाक् संयम का महत्त्वपूर्ण स्थान है।

कहावत है, 'बात-बात में बात बढ़ जाती है'। इसी संदर्भ में तुलसीदासजी की यह व्यंग्योक्ति बहुत बड़ी सीख देती है–

पेट न फूलत बिनु कहे, कहत न लागत देर।
सुमति विचारे बोलिए, समझि कुफेर सुफेर।।

भारतीय दार्शनिक जे. कृष्णमूर्ति ने कहा है, 'कम बोलो। तब बोलो, जब यह विश्वास हो जाए कि जो बोलने जा रहे हो उससे सत्य, न्याय और नम्रता का व्यतिक्रम न होगा।' इसलिए बोलते समय सतर्क रहना चाहिए।

कबीर साहब के अनुसार–

शब्द सँभारे बोलिए, शब्द के हाथ न पाँव।
एक शब्द औषध करे, एक शब्द करे घाव।।

फ्रांसीसी लेखक कार्लाइल ने कहा है कि मौन में शब्दों की अपेक्षा अधिक वाक्-शक्ति है।

गांधीजी ने भी मौन को सर्वोत्तम भाषण कहा है। सुकरात कहा करते थे, 'ईश्वर ने हमें दो कान दिए हैं और मुँह एक, इसलिए कि हम सुनें अधिक और बोलें कम।'

किंतु व्यावहारिक जीवन में सदा मौन रहना संभव नहीं है, इसलिए संत कबीर ने बोलते समय मध्यम मार्ग अपनाने का सुझाव दिया है–

अति का भला न बोलना, अति की भली न चूप।
अति का भला न बरसना, अति की भली न धूप।।

□

21

अमेरिका की बहनो और भाइयो!

स्वामी विवेकानंद (1863-1902)

सन् 1893 में शिकागो में आयोजित विश्व धर्म संसद् में भाग लेने के लिए जब स्वामी विवेकानंद ने अमेरिका की यात्रा की, तब वे एक अनजाने युवा संन्यासी थे। वह अवसर ऐतिहासिक था, क्योंकि ऐसा पहली बार हुआ था कि विश्व के सभी प्रमुख धर्मों के उतने प्रतिनिधि एक स्थान पर एकत्र हुए थे। विवेकानंद उद्घाटन दिवस 11 सितंबर पर बोले और श्रोताओं को मुग्ध कर दिया। उनकी वहाँ उपस्थिति का सर्वोत्तम वर्णन उनके अपने पत्र में मिलता है, जो उस आयोजन के दो महीने बाद उन्होंने लिखा था—"एक भव्य जुलूस के बाद हमें एक कतार में मंच पर ले जाया गया था। कल्पना कीजिए कि नीचे एक हॉल और उसके अंदर एक विशाल गैलरी, जिनमें छह या सात हजार स्त्री व पुरुष खचाखच भरे हुए थे। और मुझे, जिसने उससे पहले कभी सार्वजनिक भाषण नहीं दिया था, उस सम्मानित समूह को संबोधित करना था⋯! निस्संदेह, मेरा हृदय धड़क रहा था और मेरी जबान लगभग सूख गई थी। मैं इतना अधीर था कि मैंने सुबह बोलने का जोखिम नहीं लिया⋯। वे सभी तैयारी से और पूर्व-रचित भाषणों के साथ आए थे। मैं ही मूर्ख था, जिसके पास कोई तैयार भाषण नहीं था; परंतु मैंने देवी सरस्वती को नमन किया और उठ खड़ा हुआ। मैंने एक छोटा सा भाषण दिया। मैंने समूह को संबोधित किया, 'अमेरिका की बहनो और भाइयो!' जिसका

सितंबर 1893 में शिकागो में दिया गया भाषण।

दो मिनट तक करतल-ध्वनि से स्वागत हुआ और फिर मैं आगे बढ़ा— और जब वह समाप्त हुआ तो मैं भावशून्य होकर बैठ गया।'' जब इस भाषण का समाचार भारत पहुँचा तो विवेकानंद के विचारों और जिस तरह से उन्हें ग्रहण किया गया था, ने खलबली मचा दी। बाद में जवाहरलाल नेहरू ने 'डिस्कवरी ऑफ इंडिया' में लिखा कि विवेकानंद ''दबे हुए और उत्साहहीन हिंदू मानस में एक टॉनिक बनकर आए और उसके भूतकाल में से उसे आत्मसम्मान व अपनी जड़ों का बोध कराया।''

अमेरिका की बहनो और भाइयो!

आपने हमारा जैसा हार्दिक और स्नेहपूर्ण स्वागत किया है, उसके लिए आभार व्यक्त करने के लिए जब मैं यहाँ खड़ा हुआ हूँ, तो मेरा मन एक अकथनीय आनंद से भरा हुआ है। मैं विश्व की सबसे प्राचीन संन्यासियों की परंपरा की ओर से आपको धन्यवाद देता हूँ; मैं आपको धर्मों की जननी की ओर से धन्यवाद देता हूँ; और मैं सभी वर्गों एवं पंथों के करोड़ों हिंदुओं की ओर से आपको धन्यवाद देता हूँ।

इस मंच पर आए उन कुछ वक्ताओं को भी मेरा धन्यवाद, जिन्होंने पूर्व से आए प्रतिनिधियों का उल्लेख करते हुए आपको बताया कि दूर देशों से आए हुए ये सज्जन विभिन्न देशों में सहिष्णुता का संदेश पहुँचाने के सम्मान के अधिकारी हो सकते हैं। मुझे उस धर्म से संबंधित होने का गर्व है, जिसने विश्व को सहिष्णुता और सार्वभौमिक स्वीकार्यता का पाठ पढ़ाया। हम न केवल सार्वभौमिक सहिष्णुता में विश्वास करते हैं, बल्कि हम सभी धर्मों की सत्यता को स्वीकार करते हैं। मुझे उस देश से संबंधित होने में भी गर्व है, जिसने इस पृथ्वी के सभी धर्मों व सभी देशों के सताए हुए लोगों और शरणार्थियों को शरण दी है। मुझे आपको यह बताने में गर्व है कि हमने उन पवित्र इजराइलियों को अपने कलेजे से लगाया है, जिन्होंने ठीक उसी वर्ष दक्षिण भारत में आकर शरण ली, जब रोमन अत्याचारियों ने उनके पवित्र मंदिर को ध्वस्त कर दिया था। मुझे उस धर्म से संबंधित होने का गर्व है, जिसने महान् ज़ोरोस्ट्रियन राष्ट्र के विस्थापितों को शरण दी है और अब भी उनके विकास में सहयोग दे रहे हैं। भाइयो, मैं आपके सामने उस भजन की कुछ पंक्तियाँ

प्रस्तुत करूँगा, जिसको मैं अपने बचपन से दोहराता आया हूँ और जिसे करोड़ों लोग प्रतिदिन दोहराते हैं—

'जैसे विभिन्न स्रोतों से उद्भूत विभिन्न धाराएँ
अपना जल सागर में विलीन कर देती हैं,
वैसे ही हे ईश्वर! विभिन्न प्रवृत्तियों के चलते
जो भिन्न मार्ग मनुष्य अपनाते हैं, वे
भिन्न प्रतीत होने पर भी
सीधे या अन्यथा, तुझ तक ही जाते हैं।'

वर्तमान सम्मेलन, जो अब तक हुई सबसे महान् सभाओं में से एक है, स्वयं 'गीता' में बताए उस अद्भुत सिद्धांत का पुष्टीकरण और विश्व के लिए एक घोषणा है—

'जो कोई, किसी भी स्वरूप में
मेरे पास आता है, मुझे पाता है;
सभी मनुष्य उन मार्गों पर
संघर्षरत हैं, जो अंत में उन्हें
मुझ तक ही ले आते हैं।'

सांप्रदायिकता, कट्टरता और उन्हीं की भयानक उपज धर्मांधता ने बहुत समय से इस सुंदर पृथ्वी को ग्रस रखा है। उन्होंने पृथ्वी को हिंसा से भर दिया है, कितनी ही बार उसे मानव रक्त से सराबोर कर दिया है, सभ्यता को नष्ट किया है और समूचे राष्ट्रों को निराशा के गर्त में धकेल दिया है। यदि ये राक्षसी कृत्य नहीं किए जाते तो मानव समाज उससे बहुत अधिक विकसित होता, जितना वह आज है। परंतु उनका अंतकाल आ गया है; और मुझे पूरी आशा है कि इस सम्मेलन के सम्मान में सुबह जो घंटानाद हुआ था, वह सभी प्रकार के कट्टरपन, सभी प्रकार के अत्याचारों, चाहे वे तलवार के जरिए हों या कलम के—और व्यक्तियों, जो एक ही उद्देश्य के लिए अग्रसर हैं, के बीच सभी प्रकार की दुर्भावनाओं के लिए मृत्यु का घंटानाद बन जाएगा।

□

22

स्वराज्य मेरा जन्मसिद्ध अधिकार है

बाल गंगाधर तिलक (1856-1920)

छह वर्षों की सजा काटकर सन् 1914 में जब तिलक मांडले जेल से छूटे तो उन्होंने राष्ट्रीय आंदोलन को सुस्त पाया। स्वदेशी आंदोलन की लहर थम चुकी थी और उनके पुराने प्रतिद्वंद्वी चरमपंथी नेता ऊँचाई पर मालूम होते थे। तिलक चाहते थे कि कांग्रेस एक वैचारिक इकाई भर बने रहना छोड़कर ब्रिटिश शासन के खिलाफ विरोध-प्रदर्शनों का नेतृत्व करे। राष्ट्रीयता की भावना पुनर्जाग्रत् करने के लिए तिलक और एनी बेसेंट ने होमरूल लीगों का गठन किया— बेसेंट ने सन् 1915 में और तिलक ने उससे अगले वर्ष। तिलक की होमरूल लीग की पहली वर्षगाँठ के अवसर पर यह भाषण दिया गया था। वयोवृद्ध तिलक युवाओं को संबोधित कर रहे थे और उनके शब्द इतने जोशीले थे कि वे राष्ट्रीय आंदोलन का शंखनाद बन गए। तिलक की स्वतंत्रता की माँग को सन् 1929 में कांग्रेस के पूर्ण स्वराज्य के प्रस्ताव के रूप में समाविष्ट कर लिया गया था।

❖

मैं यद्यपि शरीर से बूढ़ा, किंतु उत्साह में जवान हूँ। मैं युवावस्था के इस विशेषाधिकार को छोड़ना नहीं चाहता। अपनी विचार-शक्ति को सबल बनाने

मई 1917 में नासिक में दिया गया भाषण।

से इनकार करना यह स्वीकार करने के समान होगा कि मुझे इस प्रस्ताव पर बोलने का कोई अधिकार नहीं है। अब मैं जो कुछ बोलने जा रहा हूँ, वह चिर युवा है। शरीर बूढ़ा जर्जर हो सकता है और नष्ट भी हो सकता है, परंतु आत्मा अमर है। उसी प्रकार, हमारी होमरूल गतिविधियों में भले ही सुस्ती दिखाई दे, उसके पीछे छिपी भावना अमर एवं अविनाशी है और वही हमें स्वतंत्रता दिलाएगी। आत्मा ही परमात्मा है और मन को तब तक शांति नहीं मिलेगी, जब तक वह ईश्वर से एकाकार न हो जाए। यदि एक शरीर नष्ट हो जाता है तो आत्मा दूसरा शरीर धारण कर लेगी, 'गीता' विश्वास दिलाती है। यह दर्शन बहुत पुराना है। स्वराज्य मेरा जन्मसिद्ध अधिकार है। जब तक वह मेरे भीतर जाग्रत् है, मैं बूढ़ा नहीं हूँ। कोई हथियार इस भावना को काट नहीं सकता, कोई आग इसे जला नहीं सकती, कोई जल इसे भिगो नहीं सकता, कोई हवा इसे सुखा नहीं सकती। मैं उससे भी आगे बढ़कर कहूँगा कि कोई सी.आई.डी. इसे पकड़ नहीं सकती। मैं इसी सिद्धांत की घोषणा पुलिस अधीक्षक, जो मेरे सामने बैठे हैं, के सामने भी करता हूँ, कलक्टर के सामने भी, जिन्हें इस सभा में आमंत्रित किया गया था और आशुलिपि लेखक, जो हमारे भाषणों के नोट्स लेने में व्यस्त हैं, के सामने भी। मृत दिखाई देने पर भी यह सिद्धांत अदृश्य नहीं होगा। हम स्व-शासन चाहते हैं और हमें पाना ही चाहिए। जिस विज्ञान की परिणति स्व-शासन में होती है, वही राजनीति-विज्ञान है, न कि वह, जिसकी परिणति दासता में हो। राजनीति का विज्ञान इस देश के 'वेद' हैं। आपके पास एक आत्मा है और मैं केवल उसे जगाना चाहता हूँ। मैं उस परदे को हटा देना चाहता हूँ, जिसे अज्ञानी, कुचक्री और स्वार्थी लोगों ने आपकी आँखों पर डाल दिया है। राजनीति के विज्ञान के दो भाग हैं—पहला दैवी और दूसरा राक्षसी। एक राष्ट्र की दासता दूसरे भाग में आती है। राजनीति-विज्ञान के राक्षसी भाग का कोई नैतिक औचित्य नहीं हो सकता। एक राष्ट्र जो उसे उचित ठहराता है, ईश्वर की दृष्टि में पाप का भागी है। कुछ लोगों में उस बात को बताने का साहस होता है, जो उनके लिए हानिकारक हैं और कुछ लोगों में यह साहस नहीं होता। लोगों को इस सिद्धांत के ज्ञान से अवगत कराना चाहता हूँ कि राजनीतिक और धार्मिक शिक्षा का एक अंग है। धार्मिक और राजनीतिक शिक्षाएँ भिन्न नहीं हैं, यद्यपि विदेशी शासन के कारण वे ऐसे प्रतीत होते हैं। राजनीति के विज्ञान में सभी दर्शन समाए हैं।

स्व-शासन का अर्थ कौन नहीं जानता? कौन उसे नहीं चाहता? क्या आप यह पसंद करेंगे कि मैं आपके घर में घुसकर आपकी रसोई अपने कब्जे में ले लूँ? अपने घर के मामले निपटाने का मुझे अधिकार होना चाहिए। केवल पागल व्यक्ति

और बच्चे अपने मामले स्वयं नहीं निपटा सकते। सम्मेलनों का मुख्य सिद्धांत यह है कि एक सदस्य इक्कीस वर्ष की आयु से अधिक होना चाहिए; इसलिए क्या आप नहीं समझते कि आपको अपना अधिकार मिलना चाहिए? पागल या बच्चे न होकर आप अपने मामले, अपने अधिकार समझते हैं और इसीलिए आप जानते हैं कि स्व-शासन क्या है। हमें कहा गया है कि हम स्व-शासन के उपयुक्त नहीं हैं। एक शताब्दी गुजर गई है और ब्रिटिश शासन हमें स्व-शासन के लायक नहीं बना पाया। अब हम अपने प्रयास करेंगे और स्वयं को उस लायक बना लेंगे। असंगत बहाने बनाना, लालच देना और वैकल्पिक प्रस्ताव करना ब्रिटिश नीतियों पर एक दाग है। इंग्लैंड भारत की सहायता से बेल्जियम जैसे छोटे से देश को संरक्षण देने का प्रयास कर रहा है, फिर वह कैसे कह सकता है कि हमें स्व-शासन नहीं मिलना चाहिए। जो हममें दोष देखते हैं, वे लोभी प्रकृति के लोग हैं। परंतु ऐसे भी लोग हैं, जो परम कृपालु ईश्वर में भी दोष देखते हैं। हमें किसी बात की परवाह किए बिना अपने राष्ट्र के आत्मा की रक्षा करने के लिए कठोर प्रयास करने चाहिए। अपने उस जन्मसिद्ध अधिकार की रक्षा में ही हमारे देश का हित छिपा हुआ है। कांग्रेस ने स्व-शासन का यह प्रस्ताव पास कर दिया है। प्रांतीय सम्मेलन कांग्रेस की ही देन है, जो उसके आदेशों का पालन करता है। हम अपने पिता, कांग्रेस के आदेशों का पालन श्रीरामचंद्र की तरह ही करेंगे। इस प्रस्ताव को लागू कराने हेतु कार्य करने के लिए हम कृतसंकल्प हैं, चाहे ऐसे प्रयास हमें मरुभूमि में ही ले जाएँ,चाहे हमें अज्ञातवास में रहना पड़े, चाहे हमें कितने ही कष्ट उठाने पड़ें या अंत में चाहे जान ही गँवानी पड़े। श्रीरामचंद्र ने ऐसा किया था। उस प्रस्ताव को केवल तालियाँ बजाकर पास न कराएँ, बल्कि इस प्रतिज्ञा के साथ कराएँ कि आप उसके लिए काम करेंगे। हम सभी संभव संवैधानिक और विधिसम्मत तरीकों से स्व-शासन की प्राप्ति के लिए कार्य करेंगे। ईश्वर की कृपा से इंग्लैंड ने हमारे बारे में अपना नजरिया बदल लिया है। हम महसूस करते हैं कि हमारे प्रयास असफल नहीं होंगे। इंग्लैंड ने अहंकारवश समझा था कि इतने बड़े साम्राज्य को वह छोटा सा राष्ट्र केवल अपने बल पर बनाए रख पाएगा। वह अहंकार अब कम हो गया है। इंग्लैंड को अब महसूस होने लगा है कि उसे साम्राज्य के संविधान में बदलाव लाने होंगे। लॉयड जॉर्ज ने खुलकर स्वीकार किया है कि भारत के सहयोग के बिना इंग्लैंड अब चल नहीं सकता है। एक हजार वर्ष पुराने एक राष्ट्र के बारे में सारी धारणाएँ बदलनी होंगी। इंग्लैंड के लोगों को पता चल गया है कि उनके सभी दलों की अक्लमंदी पर्याप्त नहीं है। फ्रांसीसी रणभूमि में भारतीय सैनिकों ने ब्रिटिश

सैनिकों की जान बचाकर अपनी बहादुरी का परिचय दिया है। जो लोग कभी हमें गुलाम समझते थे, अब हमें भाई कहने लगे हैं। ये सब परिवर्तन ईश्वर की कृपा से हुए हैं। अभी, जब अंग्रेजों के मन में भाईचारे की भावना मौजूद है, हमें अपनी माँगों को लेकर दबाव बनाना चाहिए। हमें उन्हें बता देना चाहिए कि हम तीस करोड़ भारतीय साम्राज्य के लिए अपनी जान भी देने को तैयार हैं—और यह कि जब तक हम उनके साथ हैं, साम्राज्य की ओर कोई आँख उठाकर भी नहीं देख सकेगा।

□

23

तुम मुझे खून दो, मैं तुम्हें आजादी दूँगा

सुभाषचंद्र बोस (1897-1945)

सन् 1941 में कलकत्ता से अपनी नजरबंदी से भागकर ठोस स्थल मार्ग से जर्मनी पहुँचे, जहाँ उन्होंने भारत सेना का गठन किया। जर्मनी में कुछ कठिनाइयाँ सामने आने पर जुलाई 1943 में वे पनडुब्बी के जरिए सिंगापुर पहुँचे। सिंगापुर में उन्होंने आजाद हिंद सरकार (जिसे नौ धुरी राष्ट्रों ने मान्यता प्रदान की) और इंडियन नेशनल आर्मी का गठन किया। मार्च एवं जून 1944 के बीच इस सेना ने जापानी सेना के साथ भारत-भूमि पर ब्रिटिश सेनाओं का मुकाबला किया। यह अभियान अंत में विफल रहा, परंतु बोस ने आशा का दामन नहीं छोड़ा। जैसा कि यह भाषण उद्घाटित करता है, उनका विश्वास था कि ब्रिटिश युद्ध में पीछे हट रहे थे और भारतीयों के लिए आजादी हासिल करने का यही एक सुनहरा अवसर था। यह शायद बोस का सबसे प्रसिद्ध भाषण है। इंडियन नेशनल आर्मी के सैनिकों को प्रेरित करने के लिए आयोजित सभा में यह भाषण दिया गया, जो अपने अंतिम शक्तिशाली कथन के लिए प्रसिद्ध है।

दोस्तो! बारह महीने पहले पूर्वी एशिया में भारतीयों के सामने 'संपूर्ण सैन्य संगठन' या 'अधिकतम बलिदान' का कार्यक्रम पेश किया गया था।

जुलाई 1944 में बर्मा में दिया गया भाषण।

आज मैं आपको पिछले साल की हमारी उपलब्धियों का ब्योरा दूँगा तथा आनेवाले साल की हमारी माँगें आपके सामने रखूँगा। परंतु ऐसा करने से पहले मैं आपको एक बार फिर यह एहसास कराना चाहता हूँ कि हमारे पास आजादी हासिल करने का कितना सुनहरा अवसर है। अंग्रेज एक विश्वव्यापी संघर्ष में उलझे हुए हैं और इस संघर्ष के दौरान उन्होंने कई मोरचों पर मात खाई है। इस तरह शत्रु के काफी कमजोर हो जाने से आजादी के लिए हमारी लड़ाई उससे बहुत आसान हो गई है, जितनी वह पाँच वर्ष पहले थी। इस तरह का अनूठा और ईश्वर-प्रदत्त अवसर सौ वर्षों में एक बार आता है। इसीलिए अपनी मातृभूमि को ब्रिटिश दासता से छुड़ाने के लिए हमने इस अवसर का पूरा लाभ उठाने की कसम खाई है।

हमारे संघर्ष की सफलता के लिए मैं इतना अधिक आशावान् हूँ, क्योंकि मैं केवल पूर्व एशिया के 30 लाख भारतीयों के प्रयासों पर निर्भर नहीं हूँ। भारत के अंदर एक विराट् आंदोलन चल रहा है तथा हमारे लाखों देशवासी आजादी हासिल करने के लिए अधिकतम दुःख सहने और बलिदान देने के लिए तैयार हैं। दुर्भाग्यवश, सन् 1857 के महान् संघर्ष के बाद से हमारे देशवासी निहत्थे हैं, जबकि दुश्मन हथियारों से लदा हुआ है। आज के इस आधुनिक युग में निहत्थे लोगों के लिए हथियारों और एक आधुनिक सेना के बिना आजादी हासिल करना नामुमकिन है। ईश्वर की कृपा और उदार नियम की सहायता से पूर्वी एशिया के भारतीयों के लिए यह संभव हो गया है कि एक आधुनिक सेना के निर्माण के लिए हथियार हासिल कर सकें। इसके अतिरिक्त, आजादी हासिल करने के प्रयासों में पूर्वी एशिया के भारतीय एकसूत्र में बँधे हुए हैं तथा धार्मिक और अन्य भिन्नताओं का, जिन्हें ब्रिटिश सरकार ने भारत के अंदर हवा देने की कोशिश की, यहाँ पूर्वी एशिया में नामोनिशान नहीं है। इसी के परिणामस्वरूप आज परिस्थितियों का ऐसा आदर्श संयोजन हमारे पास है, जो हमारे संघर्ष की सफलता के पक्ष में है—अब जरूरत सिर्फ इस बात की है कि अपनी आजादी की कीमत चुकाने के लिए भारतीय स्वयं आगे आएँ! 'संपूर्ण सैन्य संगठन' के कार्यक्रम के अनुसार मैंने आपसे जवानों, धन और सामग्री की माँग की थी। जहाँ तक जवानों का संबंध है, मुझे आपको बताने में खुशी हो रही है कि हमें पर्याप्त संख्या में रंगरूट मिल गए हैं। हमारे पास पूर्वी एशिया के हर कोने से

रंगरूट आए हैं—चीन, जापान, इंडोचीन, फिलीपींस, जावा, बोर्नियो, सेलेबस, सुमात्रा, मलाया, थाईलैंड और बर्मा से।

आपको और अधिक उत्साह एवं ऊर्जा के साथ जवानों, धन तथा सामग्री की व्यवस्था करते रहना चाहिए, विशेष रूप से आपूर्ति और परिवहन की समस्याओं का संतोषजनक समाधान होना चाहिए।

हमें मुक्त किए गए क्षेत्रों के प्रशासन और पुनर्निर्माण के लिए सभी श्रेणियों के पुरुषों व महिलाओं की जरूरत होगी। हमें उस स्थिति के लिए तैयार रहना चाहिए, जिसमें शत्रु किसी विशेष क्षेत्र से पीछे हटने से पहले निर्दयता से 'घर-फूँक नीति' अपनाएगा तथा नागरिक आबादी को अपने शहर या गाँव खाली करने के लिए मजबूर करेगा, जैसा उन्होंने बर्मा में किया था।

सबसे बड़ी समस्या युद्धभूमि में जवानों और सामग्री की कुमुक पहुँचाने की है। यदि हम ऐसा नहीं करते तो हम मोरचों पर अपनी कामयाबी को जारी रखने की आशा नहीं कर सकते, न ही हम भारत के आंतरिक भागों तक पहुँचने में कामयाब हो सकते हैं।

आपमें से उन लोगों को, जिन्हें आजादी के बाद देश के लिए काम जारी रखना है, यह कभी नहीं भूलना चाहिए कि पूर्वी एशिया—विशेष रूप से बर्मा—हमारे स्वातंत्र्य संघर्ष का आधार है। यदि यह आधार मजबूत नहीं है तो हमारी लड़ाकू सेनाएँ कभी विजयी नहीं होंगी। याद रखिए कि यह एक 'संपूर्ण युद्ध' है—केवल दो सेनाओं के बीच युद्ध नहीं है। इसीलिए, पिछले पूरे एक वर्ष से मैंने पूर्व में 'संपूर्ण सैन्य संगठन' पर इतना जोर दिया है।

मेरे यह कहने के पीछे कि आप घरेलू मोरचे पर और अधिक ध्यान दें, एक और भी कारण है। आनेवाले महीनों में मैं और मत्रिमंडल की युद्ध समिति के मेरे सहयोगी युद्ध के मोरचे पर—और भारत के अंदर क्रांति लाने के लिए भी—अपना सारा ध्यान केंद्रित करना चाहते हैं। इसीलिए हम इस बात को पूरी तरह सुनिश्चित करना चाहते हैं कि आधार पर हमारा कार्य हमारी अनुपस्थिति में भी सुचारु रूप से और निर्बाध चलता रहे।

साथियो एक वर्ष पहले, जब मैंने आपके सामने कुछ माँगें रखी थीं, तब मैंने कहा था कि यदि आप मुझे 'संपूर्ण सैन्य संगठन' दें तो मैं आपको एक 'दूसरा मोरचा' दूँगा। मैंने अपना वह वचन निभाया है। हमारे अभियान का पहला चरण पूरा हो गया है। हमारी विजयी सेनाओं ने निप्पोनीज सेनाओं के साथ कंधे से कंधा मिलाकर शत्रु को पीछे धकेल दिया है और अब वे हमारी प्रिय मातृभूमि की पवित्र

धरती पर बहादुरी से लड़ रही हैं।

अब जो काम हमारे सामने हैं, उन्हें पूरा करने के लिए कमर कस लें। मैंने आपसे जवानों, धन और सामग्री की व्यवस्था करने के लिए कहा था। मुझे वे सब भरपूर मात्रा में मिल गए हैं। अब मैं आपसे कुछ और चाहता हूँ। जवान, धन और सामग्री अपने आप विजय या स्वतंत्रता नहीं दिला सकते। हमारे पास ऐसी प्रेरक शक्ति होनी चाहिए, जो हमें बहादुर व नायकोचित कार्यों के लिए प्रेरित करे।

सिर्फ इस कारण कि अब विजय हमारी पहुँच में दिखाई देती है, आपका यह सोचना कि आप जीते-जी भारत को स्वतंत्र देख ही पाएँगे, आपके लिए एक घातक गलती होगी। यहाँ मौजूद लोगों में से किसी के मन में स्वतंत्रता के मीठे फलों का आनंद लेने की इच्छा नहीं होनी चाहिए। एक लंबी लड़ाई अब भी हमारे सामने है। आज हमारी केवल एक ही इच्छा होनी चाहिए—मरने की इच्छा, ताकि भारत जी सके; एक शहीद की मौत मरने की इच्छा, जिससे स्वतंत्रता की राह शहीदों के खून से बनाई जा सके।

साथियो, स्वतंत्रता के युद्ध में मेरे साथियो! आज मैं आपसे एक ही चीज माँगता हूँ; सबसे ऊपर मैं आपसे अपना खून माँगता हूँ। यह खून ही उस खून का बदला लेगा, जो शत्रु ने बहाया है। खून से ही आजादी की कीमत चुकाई जा सकती है। तुम मुझे खून दो और मैं तुम से आजादी का वादा करता हूँ।

□

24

नियति से मुलाकात

जवाहरलाल नेहरू (1889-1964)

कोई इस बात पर बहस कर सकता है, परंतु यह आधुनिक भारत का सबसे अविस्मरणीय और शायद नेहरू का सर्वोत्तम भाषण है। वह 14 अगस्त की अर्द्धरात्रि थी, जब हमें स्वतंत्रता में प्रवेश कराने के लिए संविधान सभा की बैठक हुई। 15 अगस्त—'नियत दिन', जैसा कि नेहरू ने अपनी पॉकेट डायरी में नोट किया था— की सुबह माउंटबेटन द्वारा भारत के पहले प्रधानमंत्री के रूप में नेहरू को शपथ दिलाई जानी थी; परंतु नेहरू ने अपने भाषण में इस दिन को भारत की जनता की आशाओं और आकांक्षाओं का प्रतीक बताया। उन्होंने यह भाषण सावधानी से तैयार किया था। उनके विशेष सहायक एम.ओ. मथाई ने कहा है कि पहले प्रारूप में नेहरू ने लिखा था—'डेट विद डेस्टिनी'। मथाई ने अवसर की गंभीरता को देखते हुए 'डेट' शब्द के अनौचित्य के बारे में नेहरू को बताया। 'रॉजेट्स थिसारस' की मदद से मथाई ने 'डेट' शब्द को दो समानार्थी शब्दों 'ट्रिस्ट' या 'रेंडेव्यू' से प्रतिस्थापित करने की सलाह दी। मथाई लिखते हैं—"(मैंने) नेहरू को सचेत किया कि आम व्यक्ति 'रेंडेव्यू विद डेस्टिनी' राष्ट्रपति फ्रैंकलिन रूजवेल्ट द्वारा अपने प्रसिद्ध युद्धकालीन भाषण में उपयोग की जा चुकी है। उन्होंने (नेहरू ने) एक पल सोचा और टाइप स्क्रिप्ट में 'डेट' के बदले 'ट्रिस्ट'

अगस्त 1947 में नई दिल्ली में दिया गया भाषण।

लिख दिया।" परंतु यह बताया जाना चाहिए कि मथाई के उस विवरण को कई लोग अविश्वसनीय मानते हैं।

बहुत साल पहले हमने नियति से मुलाकात तय की थी और अब समय आ गया है कि हम अपने वचन को पूरा करें—पूरी तरह से तो नहीं, मगर काफी हद तक। ठीक अर्द्धरात्रि के समय, जब दुनिया सो रही होगी, भारत जीवन और आजादी में जागेगा। एक पल ऐसा आता है, जो इतिहास में विरले ही आता है, जब हम पुराने से नए में कदम रखते हैं, जब एक युग समाप्त होता है और जब एक लंबे समय से दबे राष्ट्र की आत्मा को अभिव्यक्ति मिल जाती है। इस गंभीर क्षण में भारत, उसकी जनता और उससे भी बड़े उद्देश्य मानव जाति की सेवा के प्रति समर्पित होने की शपथ लेना उपयुक्त है।

इतिहास की भोर में ही भारत ने अपनी अंतहीन खोज आरंभ कर दी थी और अनभिलिखित शताब्दियाँ, उसके प्रयासों तथा उसकी सफलताओं व असफलताओं के वैभव से भरी हुई हैं। अच्छे और बुरे दोनों समय में उसने कभी अपनी खोज से नजर नहीं हटाई और न उन आदर्शों को भुलाया, जो उसे शक्ति प्रदान करते हैं। आज हम दुर्भाग्य की एक अवधि का अंत करते हैं और भारत फिर से खुद को जानने की ओर अग्रसर है। आज हम जिस उपलब्धि का उत्सव मना रहे हैं, वह केवल एक चरण है। जो व्यापक सफलताएँ और उपलब्धियाँ हमारा इंतजार कर रही हैं, उनका अभी केवल द्वार खुला है। क्या हम इतने बहादुर एवं बुद्धिमान हैं कि इस अवसर को झपट लें और भविष्य की चुनौती को स्वीकार कर लें?

आजादी और सत्ता अपने साथ जिम्मेदारियाँ लाती है। यह जिम्मेदारी भारत की सार्वभौम जनता की प्रतिनिधि संस्था, इस सभा की है। आजादी के जन्म से पहले की प्रसव-पीड़ा को हमने सहा है और उस दु:ख की याद से हमारे मनों पर बोझ है। उनमें से कुछ पीड़ाएँ अब भी मौजूद हैं। फिर भी, भूतकाल गुजर चुका है और वह भविष्य है, जो अब हमें पुकार रहा है।

वह भविष्य आसान या आरामदायक नहीं बल्कि अथक परिश्रम का होगा, ताकि हम उन वचनों को पूरा कर सकें, जो हमने अकसर लिये हैं और आज भी

लेने जा रहे हैं। भारत की सेवा का मतलब है—करोड़ों पीड़ितों की सेवा। उसका मतलब है—गरीबी, अशिक्षा, बीमारी और अवसरों की असमानता को समाप्त करना। हमारी पीढ़ी के सबसे महान् व्यक्ति की महत्त्वाकांक्षा रही है कि हर आँख का हर आँसू पोंछा जाए। यह हमारी सामर्थ्य से परे हो सकता है; परंतु जब तक आँसू हैं और पीड़ा है, हमारा काम खत्म नहीं होगा।

तो अपने सपनों को साकार करने के लिए हमें कड़ी मेहनत करनी है। वे सपने भारत के लिए हैं और दुनिया के लिए भी, क्योंकि आज दुनिया के सारे देश इतनी घनिष्ठता से जुड़े हैं कि उनमें से कोई अलग-थलग रहने की कल्पना भी नहीं कर सकता। यह कहा गया है कि शांति अविभाज्य है, वैसे ही स्वतंत्रता व समृद्धि भी और इस एक विश्व, जिसे अब अलग-थलग टुकड़ों में बाँटकर नहीं रखा जा सकता, में विनाश भी अविभाज्य है।

भारत की जनता, जिसके हम प्रतिनिधि हैं, से हम अपील करते हैं कि वे इस महान् उद्यम में निष्ठा और विश्वास के साथ हमारे सहयोगी बनें। यह समय क्षुद्र एवं विनाशकारी आलोचना का नहीं है और न ही दुर्भावना व दूसरों पर दोष मढ़ने का। हमें स्वतंत्र भारत का एक भव्य महल बनाना है, जिसमें भारत माता के सभी बच्चे रह सकें।

महोदय, मैं यह प्रस्ताव रखने का अनुरोध करता हूँ कि यह प्रतिज्ञा की जाए—

1. अर्द्ध-रात्रि का आखिरी घंटा बजते ही इस अवसर पर उपस्थित संविधान सभा के सभी सदस्य यह प्रतिज्ञा करते हैं—
   'इस पावन क्षण में, जब भारत की जनता ने अपार कष्ट और बलिदान के बाद स्वतंत्रता प्राप्त की है, मैं...भारत की संविधान सभा का एक सदस्य पूरी विनम्रता के साथ, इस उद्देश्य के लिए कि यह पुरातन देश विश्व में अपना उचित स्थान प्राप्त कर सके तथा विश्व-शांति और मानव-कल्याण में अपना पूर्ण और स्वैच्छिक योगदान दे सके, भारत और उसकी जनता की सेवा के लिए स्वयं को समर्पित करता हूँ।'
2. जो सदस्य इस अवसर पर उपस्थित नहीं हैं, वे (ऐसे शाब्दिक परिवर्तनों के जिन्हें सभापति निर्धारित करें) यह शपथ तब लेंगे, जब वे सभा के अगले सत्र में भाग लेंगे।

□

25

लाहौर में

अटल बिहारी वाजपेयी

वर्ष 1998 की गरमियों में भारत और पाकिस्तान दोनों ने अपने परमाणु बमों के परीक्षण किए। यह डर था कि कश्मीर विवाद बढ़कर ऐसी स्थिति न पैदा कर दे, जहाँ दोनों देश अपने परमाणु अस्त्रों का उपयोग करें। दोनों देशों पर अपनी समस्याएँ संवाद के जरिए सुलझाने का भारी दबाव था। एक विशिष्ट संकेत के रूप में दिल्ली से लाहौर की पहली बस में वाजपेयी ने यात्रा की। दोनों देशों के बीच संबंधों को सामान्य बनाने की दिशा में पहले कदम के रूप में यह बस-सेवा शुरू की गई थी। यद्यपि चर्चाएँ निष्फल रही थीं, लेकिन उनके भाषण ने सभी श्रोताओं को द्रवित कर दिया। दुर्भाग्यवश, अनुवाद में यह भाषण काफी हद तक अपनी काव्यात्मकता खो देता है।

❖

प्रधानमंत्रीजी, मित्रो, बहनो और भाइयो!

आज, जब हम साथ में भोजन ग्रहण कर रहे हैं, एक नई शताब्दी और एक नई सहस्राब्दी हमारे दरवाजे पर दस्तक दे रही है। हमारी स्वतंत्रता के पचास वर्ष बीत चुके हैं। एक ओर तो हमें गर्व है और दूसरी ओर खेद। गर्व इसलिए कि दोनों देश अपनी स्वतंत्रता कायम रखे हुए हैं और खेद इसलिए कि पचास वर्ष बाद भी

फरवरी 1999 में लाहौर में दिया गया भाषण।

हम स्वयं को गरीबी और बेरोजगारी के अभिशाप से मुक्त नहीं कर पाए हैं।

प्रधानमंत्रीजी, इस दावत को ऐसे ऐतिहासिक स्थल पर आयोजित करने के लिए मैं आपका आभारी हूँ। इसी शानदार किले में शाहजहाँ का जन्म हुआ था; यहीं पर अकबर एक दशक से भी अधिक समय तक रहे थे।

हमारे इस स्वागत की हार्दिकता व शालीनतापूर्ण आतिथ्य से मेरा प्रतिनिधिमंडल और मैं अभिभूत हैं। प्रधानमंत्रीजी, आपने इस किले की श्रेष्ठता और इस ऐतिहासिक शहर लाहौर की परंपरा को बनाए रखा है। इस अवसर पर मुझे ग्यारहवीं सदी के शायर मसूद-बिन-साद-बिन-सलमान की ये पंक्तियाँ याद आती हैं—

'शुद दर गाम लाहुर खानम या रब!
या रब! कि दर आरजू-ए-आनम या रब!'

(लाहौर की हसरत में मेरी आत्मा उमड़ी पड़ती है,
ओ खुदा! मुझे उसकी कितनी हसरत है!)

माननीय, दस वर्षों में किसी भारतीय प्रधानमंत्री की यह पहली पाकिस्तान यात्रा है। यहाँ आकर मैं बड़ा आनंदित हूँ। जब मैंने 'गॉर्ड ऑफ ऑनर' का निरीक्षण किया और अस्त होते सूर्य का सुंदर परिदृश्य देखा तो मैं मिली-जुली भावनाओं से अभिभूत हो गया। यह सोचकर मुझे आनंद हुआ कि मैं मित्रता का संदेश लेकर इक्कीस वर्ष बाद यहाँ वापस आया हूँ। मुझे दुःख इस बात का है कि हमने आपसी कड़वाहट में इतना समय गँवा दिया। भारत और पाकिस्तान के आकारवाले दो राष्ट्रों के लिए आपसी विद्वेष में इतना समय बरबाद कर देना अशोभनीय है।

जब मैं पिछली बार पाकिस्तान आया था, मैं अकेला था। इस बार भारतीय समाज के हर वर्ग के प्रतिनिधि हमारे साथ हैं।

लाहौर और दिल्ली के बीच चलनेवाली बस-सेवा एक देश से दूसरे देश तक की यात्रा सुगम बनाने का साधन मात्र नहीं है। दोनों देशों के बीच बस का चलना रिश्ते सुधारने और एक-दूसरे के पास आने की लोगों की इच्छा का प्रतीक है। वास्तव में, यदि यह केवल धातु की बनी हुई बस होती तो इसने न केवल हमारे दो देशों में बल्कि पूरे विश्व में इतनी उत्तेजना और अपेक्षाएँ न जगाई होतीं।

प्रधानमंत्रीजी, अपनी जनता की आकांक्षाओं को पूरा करना हमारा कर्तव्य है : विकास करने, विश्वास, भाईचारा और सहयोग के लिए एक ठोस आधार बनाने का।

इस बात से हमारा उत्साह बढ़ा है कि हाल के महीनों में हमारी बातचीत उन मुद्दों पर केंद्रित रही है, जो हमारी जनता के जीवन को सीधे प्रभावित करते हैं। हमारे दो देशों ने संयुक्त संवाद की प्रक्रिया के अंतर्गत उन उपायों का पता लगाने का प्रयास किया है जो यह सुनिश्चित करेंगे कि मानवीय सरोकारों का समाधान शीघ्र किया जाए; कि आर्थिक और वाणिज्यिक सहयोग—जैसे ऊर्जा का विक्रय की संभावनाओं—का पता लगाया जाए और उनपर अमल किया जाए; कि विश्वासोत्पादक उपायों पर चर्चा करके उनके बारे में सहमति बनाई जाए। परंतु यह सब तो केवल एक शुरुआत होगी। हम अपने अधिकारियों को निर्देश देंगे कि हमने कुछ संयुक्त रूप से आरंभ किया है, उसे गति प्रदान करें।

हमने आपसी संबंधों के उन क्षेत्रों पर भी चर्चा की जिनपर हमारे मतभेद हैं। ऐसा करना अपरिहार्य है। जैसे-जैसे हम समस्याओं का समाधान निकालते हैं, हमें इस बात के प्रति सचेत होना चाहिए कि ऐसी कोई समस्या नहीं है, जिसका हल सद्भावना और संवाद द्वारा न निकाला जा सके। वही एकमात्र मार्ग है।

मेरी मान्यता है कि हमारे द्विपक्षीय संबंधों में ऐसा कुछ नहीं है, जिसका समाधान कभी भी सिंह के जरिए हो सकेगा। अनसुलझे, जटिल मुद्दों का समाधान केवल एक ऐसे वातावरण में निकल सकता है जो पूर्वग्रहों से मुक्त हो और जो संतुलन, संयम व एक यथार्थवादी दृष्टिकोण अपनाने से ही प्राप्त किया जा सकता है। जो लोग हिंसा का उपदेश देते हैं, उसका व्यवहार करते हैं या उसे उकसाते हैं, उनके लिए मेरा एक ही संदेश है—शांति और भाईचारे के मार्ग के सीधे सत्य को समझिए। इसीलिए मिली-जुली संवाद-प्रक्रिया के एक भाग के रूप में हम जम्मू व कश्मीर सहित सभी अनसुलझे मुद्दों पर विस्तृत चर्चाओं का स्वागत करते हैं। जैसे-जैसे हम एक नई सहस्राब्दी की ओर बढ़ रहे हैं, भविष्य हमें संकेत दे रहा है। वह हमारे बच्चों व उनके बच्चों और उन पीढ़ियों, जिन्हें अभी जन्म लेना है, के कल्याण के बारे में सोचने के लिए हमारा आह्वान कर रहा है, बल्कि माँग कर रहा है।

मैं भारत से केवल एक संदेश लेकर आया हूँ। अविश्वास दूर करने, संघर्ष को त्यागने बल्कि उसे समाप्त कर स्थायी शांति, भाईचारा, मेल-मिलाप और सहयोग की बुनियाद रखने से बढ़कर कोई विरासत नहीं हो सकती, जिसे हम पीछे छोड़कर जाएँ। मुझे विश्वास है कि अपने संयुक्त प्रयासों से हम ऐसा करने में सफल होंगे, चाहे उसके लिए हमें कितना ही कठोर श्रम क्यों न करना पड़े।

प्रधानमंत्रीजी, मुझे आपको और बेगम साहिबा को भारत आने का अत्यंत हार्दिक निमंत्रण देने की अनुमति दीजिए। मैं आपको विश्वास दिलाता हूँ कि भारत में बड़े उत्साह के साथ आपका स्वागत किया जाएगा। हम शीघ्र ही भारत में आप दोनों के स्वागत की उत्सुकता से प्रतीक्षा करेंगे।

आपकी प्रगति और समृद्धि के लिए, भारत व पाकिस्तान के बीच स्थायी शांति और सहयोग की स्थापना के लिए मैं अपनी हार्दिक शुभकामनाएँ व्यक्त करता हूँ।

□

26

जनता की, जनता के द्वारा, जनता के लिए

✍ **अब्राहम लिंकन**

19 नवंबर, 1863 को अमेरिका के तत्कालीन राष्ट्रपति अब्राहम लिंकन ने यह प्रसिद्ध भाषण दिया था, जिसका अंतिम वाक्य लोकतंत्र की परिभाषा बन गया।

"4 सदी ई.पू. एवं 7 वर्ष पहले हमारे पूर्वजों ने इस महाद्वीप पर एक नए राष्ट्र की स्थापना की थी। अपनी स्वाधीनता की अवधारणा के साथ यह इस तर्क को समर्पित थी कि सभी मानव एक समान हैं।

"आज हम एक बहुत बड़े गृहयुद्ध में लिप्त हैं। इस बात का परीक्षण करते हुए कि क्या ऐसी अवधारणा और समर्पण चिरस्थायी हो सकता है। हम यहाँ उस गृहयुद्ध के एक बड़े युद्धक्षेत्र में एकत्र हुए हैं। इसके एक भाग को हम उन लोगों के अंतिम विश्राम स्थल के रूप में समर्पित करने आए हैं, जिन्होंने इसलिए अपने प्राण न्योछावर कर दिए, ताकि राष्ट्र जीवित रहे। ऐसा हम पूरी मर्यादा के साथ करेंगे। लेकिन व्यापक अर्थों में हम इस धरती को समर्पित नहीं कर सकते। हम इसका पवित्रीकरण नहीं कर सकते, इसे महिमामंडित नहीं कर सकते। जिन जीवित या अब वीरगति को प्राप्त शूरवीरों ने यहाँ संघर्ष किया, वे इसे इतना पुनीत कर गए

हैं कि हमारी साधारण क्षमता उसमें न कुछ वृद्धि कर सकती है, न उसे घटा सकती है। हम आज यहाँ जो कुछ कह रहे हैं, संसार उस पर कम ही ध्यान देगा और उसे अधिक दिनों तक याद भी नहीं रखेगा। लेकिन उन्होंने यहाँ जो कारनामे किए, उन्हें वह कभी नहीं भूलेगा।

''असल में हम जो जीवित हैं, यह उनका कर्तव्य है कि स्वयं को उस अधूरे महान् कार्य के लिए समर्पित करें, जिसके लिए इन शहीदों ने अपने प्राणों की आहुति दी। उन्होंने स्वयं को इसके लिए अंतिम रूप से संपूर्णतः समर्पित कर दिया था। अब हमें पूर्ण संकल्प लेना चाहिए, ताकि उनका बलिदान व्यर्थ न जाए, ताकि इस राष्ट्र में स्वाधीनता का नया जन्म हो, ताकि जनता की सरकार, जनता के द्वारा संचालित सरकार, जनता के निमित्त सरकार इस धरती से विनष्ट न हो जाए।''

□

27

क्षमा-याचना

✍ **गैलीलियो गैलिली**

17वीं शताब्दी के महान् खगोल-शास्त्री गैलीलियो गैलिली ने अपनी पुस्तक 'डायलॉग कंसर्निंग द टू वर्ल्ड सिस्टम्स' में प्रतिपादित किया था कि पृथ्वी ब्रह्मांड के केंद्र में नहीं है। सूर्य पृथ्वी की परिक्रमा नहीं करता, बल्कि पृथ्वी सूर्य की परिक्रमा करती है। पृथ्वी स्थिर नहीं, वह घूमती है आदि। ये सभी बातें 'बाइबिल' की धार्मिक मान्यताओं के विरुद्ध जाती थीं। ऐसी महापापपूर्ण अभिव्यक्ति के लिए गैलीलियो पर सन् 1633 में मुकदमा चलाया गया। अपनी जान बचाने के लिए उन्हें अपना मत त्यागने और क्षमा-याचना के लिए विवश होना पड़ा। 22 जून को उन्होंने तत्संबंधी निम्नलिखित क्षमा-याचना की—

"सभी अतिविशिष्ट लोगों और आस्तिक ईसाइयों के मन से मेरे विरुद्ध समुचित कारणों से उत्पन्न संदेह को दूर करने के उद्देश्य से मैं सच्चे मन और निष्कपट आस्था के साथ अपनी उपर्युक्त गलतियों, अपधर्म व पवित्र गिरजाघर के विपरीत की गई समस्त अन्य गलतियों, मत आदि का शपथपूर्वक त्याग करता हूँ, उनके लिए खुद को कोसता हूँ और उनसे घृणा करता हूँ। मैं शपथ लेता हूँ कि भविष्य में कभी भी मौखिक या लिखित रूप में कोई ऐसी अभिव्यक्ति

या दावा नहीं करूँगा, जो मेरे बारे में इस जैसा संदेह उत्पन्न करे।

''मैं, गैलीलियो गैलिली ने उपर्युक्तानुसार शपथपूर्वक मत-त्याग किया है, शपथ ली है और स्वयं को वचनबद्ध किया है। इसे सत्यापित करने के लिए मैंने मत-त्याग के इस दस्तावेज पर हस्ताक्षर किए हैं। मैंने सन् 1633, 22वें दिन रोम में, मिनर्वा के कॉन्वेंट में इसे शब्दशः पढ़कर सुनाया है।

''मैंने, गैलीलियो गैलिली ने अपने हस्ताक्षरों के साथ उपर्युक्तानुसार अपने मत का शपथपूर्वक त्याग किया है।''

कहते हैं, इस प्रकार अपने मत-त्याग की शपथ लेने और क्षमा-याचना के लिए घुटनों के बल बैठे गैलीलियो जब उठे तो वह धीरे से बुदबुदाए, ''मैं फिर कहूँगा कि यह (पृथ्वी) घूमती है।''

□

28

मेरा आदर्श

✍ **नेल्सन मंडेला**

20 अप्रैल, 1964 को नेल्सन मंडेला ने दक्षिण अफ्रीका की रंगभेदी सरकार द्वारा विभिन्न आरोपों में गिरफ्तार किए जाने पर जो बयान दिया, यह भाषण उसी में से लिया गया है—

सन् 1960 में शार्पविले में गोलीकांड हुआ, जिसके फलस्वरूप आपातकालीन स्थिति की घोषणा की गई और अफ्रीकन नेशनल कांग्रेस को गैर-कानूनी संगठन घोषित किया गया। गहन विचार-विमर्श के बाद मैंने और मेरे साथियों ने निर्णय किया कि हम इस आदेश का पालन नहीं करेंगे। अफ्रीकी लोग इस सरकार में हिस्सेदार नहीं और वे कानून नहीं बनाते, जो उन पर लागू किए जाते हैं। हम मानव अधिकार की इस सार्वभौम घोषणा में विश्वास रखते हैं, 'जन-आकांक्षा को सरकार की सत्ता का आधार होना चाहिए।' अतः हमारे लिए इस प्रतिबंध को स्वीकार करना, अफ्रीकियों को सदा के लिए चुप कराने को स्वीकार करने के समान होता। अफ्रीकन नेशनल कांग्रेस ने विघटित होने से इनकार कर दिया। उसके सदस्य भूमिगत हो गए। हमारा मानना था कि इस संगठन को सुरक्षित रखना हमारा कर्तव्य है, जो 50 वर्षों के अथक परिश्रम से बना है। मुझे तनिक भी संदेह नहीं कि कोई भी आत्माभिमानी श्वेत संगठन किसी ऐसी सरकार द्वारा अवैध घोषित किए जाने पर स्वयं को विघटित करेगा, जिसमें उसका कोई अधिकार नहीं।

सन् 1960 में सरकार ने एक जनमत-संग्रह करवाया था, जिसके फलस्वरूप गणतंत्र की स्थापना की गई। दक्षिण अफ्रीका की जनसंख्या में 75 प्रतिशत अफ्रीकी हैं। इनको वोट देने का अधिकार नहीं दिया गया। संविधान में किए जानेवाले प्रस्तावित परिवर्तनों के लिए उनसे परामर्श तक नहीं किया गया। प्रस्तावित श्वेत गणतंत्र में अपने भविष्य को लेकर हम सब आशंकित थे। इस अवांछित गणतंत्र की पूर्व संध्या पर प्रदर्शन करने और सर्व-अफ्रीकी सम्मेलन बुलाने के लिए एक प्रस्ताव पारित किया गया। सम्मेलन का सचिव होने के नाते मुझ पर गणतंत्र की घोषणा वाले दिन 'घर पर बैठे रहो' को संगठित करने का उत्तरदायित्व सौंपा गया। क्योंकि अफ्रीकियों की हर हड़ताल अवैध है, इसलिए उसे संगठित करनेवाले के लिए गिरफ्तारी से बचने का प्रयास करना आवश्यक हो जाता है। इसलिए मुझे अपना परिवार और अपनी वकालत छोड़कर गिरफ्तारी से बचने के लिए छिपना पड़ा।

जून 1961 के आरंभ में दक्षिण अफ्रीकी परिस्थितियों के सुदीर्घ आकलन के बाद मैं और मेरे कुछ साथी इस निष्कर्ष पर पहुँचे कि इस देश में हिंसा अवश्यंभावी है। अफ्रीकी नेताओं के लिए शांति और अहिंसा के उपदेश देते रहना गलत व अवास्तविक होगा, क्योंकि सरकार हमारी शांतिपूर्ण माँगों का जवाब बल-प्रयोग से देती है।

दक्षिण अफ्रीका अफ्रीका महाद्वीप का सबसे समृद्ध देश है। यह संभवत: संसार के सर्वाधिक धनी देशों में गिना जा सकता है। लेकिन यह अतिशयता और विषमता का देश भी है। यहाँ श्वेतों की जीवन-शैली संसार में सर्वोच्च जीवन-स्तर के समतुल्य है, जबकि अफ्रीकी निर्धनता व कष्टों से भरपूर जीवन बिता रहे हैं। 40 प्रतिशत अफ्रीकी अत्यंत घनी बस्तियों में रहते हैं। कई मामलों में तो वे सूखाग्रस्त क्षेत्रों में रहते हैं, जहाँ भू-क्षरण के कारण उनके लिए धरती के आधार पर सामान्य जीवन बिताना असंभव हो जाता है। 30 प्रतिशत श्रमिक या श्रमिक काश्तकार हैं। वे श्वेतों के फार्मों पर रहते हैं और मध्यकालीन कृषि दासों के समान जीवन बिताते हैं। अन्य 30 प्रतिशत शहरों में रहते हैं। उनकी सामाजिक व आर्थिक आदतें श्वेतों के समतुल्य ही बन गई हैं। लेकिन इनमें से भी अनेक कम आमदनी व महँगाई के कारण निर्धनता का जीवन जीते हैं।

फिर भी, अफ्रीकियों की शिकायत केवल यही नहीं कि वे निर्धन हैं और श्वेत धनी हैं, बल्कि यह है कि इस स्थिति को बहाल रखनेवाले कानून बनाए जा रहे हैं। निर्धनता से मुक्ति पाने के दो उपाय हैं—पहला औपचारिक शिक्षा है, दूसरा काम में अधिक कुशलता हासिल करना है, ताकि अधिक पारिश्रमिक मिल सके। जहाँ

तक अफ्रीकियों का सवाल है, प्रगति के ये दोनों ही मार्ग जान-बूझकर कानून से अवरुद्ध कर दिए गए हैं।

मैंने अपना जीवन अफ्रीकियों के संघर्ष को समर्पित कर दिया है। मैंने श्वेत आधिपत्य के विरुद्ध संघर्ष किया है तो अश्वेत आधिपत्य के विरुद्ध भी संघर्ष किया है। मैंने एक लोकतांत्रिक व स्वतंत्र समाज के आदर्श को अपने हृदय में सँजोए रखा है, जिसमें सभी लोग समान अवसरों के साथ मिल-जुलकर रहें। मैं इस आदर्श के लिए और इसे पाने के लिए जीवित हूँ। लेकिन अगर आवश्यकता पड़े तो मैं इस आदर्श के लिए अपने प्राण भी न्योछावर कर सकता हूँ।

□

29

मेरा सपना

✍ मार्टिन लूथर किंग जूनियर

28 अगस्त, 1963 को मार्टिन लूथर किंग जूनियर ने यह भाषण वाशिंगटन डी.सी. में अब्राहम लिंकन के स्मारक पर दिया था।

"जिस महान् अमेरिकी के प्रतीकात्मक साये में हम यहाँ खड़े हैं, उसने पाँच ई. पहले मुक्ति घोषणा-पत्र पर हस्ताक्षर किए थे। इस महत्त्वपूर्ण आदेश ने अन्याय की ज्वाला से दग्ध नीग्रो दासों के लिए आशा के प्रकाश-पुंज का काम किया। उनके लिए यह अन्याय की अँधेरी काली रात को समाप्त करनेवाला सुबह का आनंदमय उजाला था। लेकिन सौ साल बीत जाने के बाद भी यह त्रासद तथ्य हमारे सामने है कि नीग्रो आज भी स्वतंत्र नहीं हैं।

एक शताब्दी बाद आज भी नीग्रो का जीवन पृथक्करण की बेड़ियों और भेदभाव की शृंखलाओं से आबद्ध होकर अपंग बना हुआ है। नीग्रो भौतिक समृद्धि के महासागर के मध्य निर्धनता के वीरान द्वीप में रह रहा है। एक शताब्दी बाद भी नीग्रो अमेरिकी समाज के एक कोने में एड़ियाँ रगड़कर जी रहा है। वह अपने ही देश में निर्वासित है।

अत: हम सब आज यहाँ एक भयावह स्थिति को नाटकीय रूप देने आए हैं। एक तरह से यह भी कहा जाता है कि हम अपने राष्ट्र की राजधानी में एक

चेक के नकदीकरण के लिए आए हैं। जब हमारे गणतंत्र के कर्णधारों ने संविधान और स्वाधीनता की घोषणा के गरिमामय शब्दों को लिखा तो वे एक ऐसे वचन-पत्र पर हस्ताक्षर कर रहे थे, प्रत्येक अमेरिकी को जिसका वारिस बनना था।

यह वचन-पत्र प्रत्येक व्यक्ति के साथ अहरणीय वादा था कि उसे जीवन जीने, स्वतंत्रता व अपने लिए प्रसन्नता की खोज करने के अधिकार की गारंटी दी जाती है। आज यह स्पष्ट है कि अमेरिका ने अपने नागरिकों को दिए गए वचन-पत्र की अदायगी नहीं की है। इस पवित्र उत्तरदायित्व का निर्वाह करने के बजाय अमेरिका ने नीग्रो लोगों को एक अमान्य चेक थमाया है, जो 'अपर्याप्त राशि' की टिप्पणी के साथ लौटा दिया गया है। लेकिन हम यह मानने से इनकार करते हैं कि न्याय के बैंक का दिवाला निकल गया है। हम इस बात पर विश्वास करने से इनकार करते हैं कि इस राष्ट्र के अवसरों की विशाल तिजोरी में पर्याप्त राशि नहीं है।

इसलिए हम इस चेक का भुगतान लेने आए हैं। ये चेक, जो पेश करने पर हमें स्वाधीनता का धन और न्याय की सुरक्षा देगा। हम इस पवित्र स्थल पर अमेरिका को स्मरण करने के लिए आए हैं कि इस समय कैसी विकट आवश्यकता है। अब धैर्य रखने की विलासिता या शनैः-शनैः कार्य होने की प्रशांतक दवा लेने की गुंजाइश नहीं है। अब पृथक्करण की अँधेरी, उजाड़ वादी से निकलकर नस्ली न्याय के उजाले से चमकते मार्ग पर आने का समय है। अब ईश्वर की सभी संतानों के लिए अवसर के द्वार उद्घाटित करने का समय है। अब समय है हमारे राष्ट्र को नस्ली अन्याय की रेत से भाईचारे की ठोस चट्टान पर लाने का।

इस घड़ी की तात्कालिकता की उपेक्षा करना और नीग्रो के दृढ़ संकल्प को कम आँकना इस राष्ट्र के लिए घातक होगा। यदि ऊर्जस्वित करनेवाला स्वतंत्रता और समानता का शरत नहीं आता तो नीग्रो लोगों के उचित असंतोष का पसीने से तर-बतर करनेवाला ग्रीष्म कभी समाप्त न होगा। 1963 अंत नहीं, आरंभ है। जो लोग यह आस लगाए बैठे हैं कि भड़ास निकल जाने पर नीग्रो शांत हो जाएँगे, उन्हें अगर यह सब इसी तरह चलता रहा तो गहरा झटका लगेगा। जब तक नीग्रो को उसके नागरिकता के अधिकार नहीं मिल जाते, अमेरिका में न अमन-चैन होगा, न शांति।

जब तक न्याय का उजला सवेरा नहीं होता, विद्रोह की प्रबल आँधियाँ इस राष्ट्र की आधारशिला को झकझोरती रहेंगी। न्याय के राजमहल के द्वार पर खड़े अपने लोगों से भी मैं कुछ कहना चाहता हूँ। अपना न्यायोचित स्थान पाने के

लिए हमें अनुचित कृत्यों का अपराधी नहीं बनना। अपनी स्वतंत्रता की प्यास बुझाने के लिए हम कटुता और घृणा के प्याले से नहीं पिएँगे।

हमें सदा अपना संघर्ष गरिमा व अनुशासन के उच्च स्तर पर जारी रखना चाहिए। हमें अपने रचनात्मक संघर्ष का शारीरिक हिंसा में पतन नहीं होने देना चाहिए। हमें बार-बार शारीरिक बल का आत्मबल से सामना करने की महत ऊँचाइयों पर बने रहना चाहिए। हमारे नीग्रो समुदाय में जो अद्‌भुत संघर्षशीलता आई है, उससे श्वेत लोगों में अविश्वास नहीं पनपना चाहिए। जैसा कि उनकी यहाँ उपस्थिति से स्पष्ट है। हमारे बहुत से श्वेत भाई इस बात को समझने लगे हैं कि उनका भाग्य हमारे भाग्य के साथ और उनकी स्वतंत्रता हमारी स्वतंत्रता के साथ अविमोचनीय रूप से आबद्ध है।

हम अकेले तो नहीं चल सकते। और जब हम चल पड़े हैं तो हमें प्रतिज्ञा करनी होगी कि हम आगे बढ़ते ही जाएँगे। हम पीछे नहीं हट सकते। कुछ लोग नागरिक अधिकार चाहनेवालों से पूछते हैं, 'आप कब संतुष्ट होंगे?' हम तब तक संतुष्ट नहीं हो सकते जब तक हमारे यात्रा से क्लांत शरीर राजमार्गों के मोटेल और नगरों के होटलों में ठहरने की सुविधा नहीं पाते। हम तब तक संतुष्ट नहीं हो सकते जब तक नीग्रो का आधारभूत स्थानांतरण छोटी गंदी बस्ती से बड़ी गंदी बस्ती तक सीमित है। हम कभी संतुष्ट नहीं हो सकते, जब तक मिसीसिपी का निवासी नीग्रो वोट नहीं दे सकता या न्यूयार्क का नीग्रो सोचता है कि उसके पास वोट देने का कोई कारण नहीं। नहीं, हम संतुष्ट नहीं हैं और तब तक संतुष्ट नहीं होंगे जब तक न्याय संपूर्ण सदाचारिता के विशाल प्रपात के समान नहीं बहता।

मैं भूला नहीं हूँ कि आप में से कई कष्ट और विपत्तियों के माहौल से आए हैं। कई अभी-अभी तंग कोठरियों से निकलकर आए हैं। आप में से कई उन क्षेत्रों से आए हैं, जहाँ स्वाधीनता की आकांक्षा के कारण आपको उत्पीड़न की आँधियों का सामना करना पड़ा और पुलिस-अत्याचारों से आपके पाँव लड़खड़ा गए। आप रचनात्मक पीड़ा के वीर योद्धा हैं। इस विश्वास के साथ अपना प्रयास जारी रखें कि अनर्जित कष्टों का प्रतिदान अवश्य मिलता है।

आप मिसीसिपी, अल्बामा, जॉर्जिया, लूसियाना के हमारे नगरों की गंदी बस्तियों में वापस जाएँ। इस आशय के साथ कि इस स्थिति में परिवर्तन हो सकता है और होगा। हमें नैराश्य की घाटियों में लौटने का पाशविक आनंद नहीं लेना। मेरे मित्रो! मैं आपको बताना चाहता हूँ कि इस घड़ी की कठिनाइयों व

निराशा के बावजूद मेरा एक सपना है। यह सपना अमेरिकी सपने के साथ गहरा संबंध रखता है।

मेरा सपना है कि एक दिन यह राष्ट्र जागेगा और अपने इस सिद्धांत के सच्चे अर्थों को अपनाएगा, "हम इस सत्य को स्व-प्रत्यक्ष मानते हैं कि सभी मनुष्यों की रचना समान हुई है।" मेरा सपना है कि एक दिन जॉर्जिया की लाल पहाड़ियों पर पूर्व दासों और पूर्व दास-स्वामियों की संतानें भाइचारे की एक ही मेज पर एक साथ बैठ सकेंगी। मेरा सपना है कि मिसीसिपी का दमन व अन्याय से उत्तप्त मरुस्थली राज्य एक दिन स्वतंत्रता व न्याय के मरु-उद्यान में परिवर्तित होगा। मेरा सपना है कि मेरे चार बच्चे एक दिन ऐसे राज्य में रहेंगे जहाँ उनका मूल्यांकन उनकी त्वचा के रंग से नहीं बल्कि उनके चरित्र के मूल तत्त्व से किया जाएगा।

मेरा सपना है कि अल्बामा राज्य, जिसके गवर्नर के होंठों से सदा हस्तक्षेप और अमान्यीकरण के शब्द टपकते रहते हैं, ऐसी स्थिति में परिवर्तित हो जाएगा जहाँ नन्हे अश्वेत लड़के और नन्ही अश्वेत लड़कियाँ नन्हे श्वेत लड़कों और नन्ही श्वेत लड़कियों के साथ हाथों में हाथ पकड़े चला करेंगे। मेरा सपना है कि एक दिन हर वादी गौरवान्वित होगी, हर पर्वत और पहाड़ी झुकेगी, ऊँची-नीची जगहें समतल होंगी, टेढ़ी-मेढ़ी जगहें सीधी होंगी। प्रभु की महिमा उद्घाटित होगी और सभी प्राणी मिल-जुलकर उसे देखेंगे।

यह हमारी आशा है। मैं इसी विश्वास के साथ दक्षिण लौट रहा हूँ। इसी विश्वास के बल पर हम निराशा के पर्वत से आशा का एक पत्थर काटकर निकालेंगे। इसी विश्वास के बल पर हम अपने राष्ट्र के मतभेद की छनक को भ्रातृत्व की स्वर-लहरी में परिवर्तित करेंगे। इस विश्वास के साथ हम मिल-जुलकर काम कर सकेंगे, मिलकर प्रार्थना कर सकेंगे, संघर्ष कर सकेंगे, जेल जा सकेंगे और एकजुट होकर स्वतंत्रता के लिए संघर्ष कर सकेंगे। यह जानते हुए कि हम एक दिन अवश्य स्वतंत्र होंगे।

वह ऐसा दिन होगा जब ईश्वर की सभी संतानें एक नए अर्थ के साथ गाएँगी, 'मेरा स्वदेश, मेरा स्वतंत्रता का प्यारा स्वदेश, मैं गाता हूँ तुम्हारा यशोगान। भूमि जहाँ मेरे पूर्वजों ने प्राण दिए—तीर्थयात्रियों की गर्व-भूमि। हरेक पर्वत से स्वतंत्रता की ध्वनि आए।'

यदि अमेरिका को महान् राष्ट्र बनना है तो यह सत्य होना चाहिए। मेरे देश के प्रत्येक पर्वत से स्वतंत्रता की ध्वनि आनी चाहिए।

प्रत्येक ग्राम से स्वतंत्रता के स्वर उठने चाहिए। प्रत्येक राज्य, नगर से स्वतंत्रता की ध्वनि आनी चाहिए। हम इस दिन को शीघ्र ला सकेंगे, जब ईश्वर की सभी संतानें—श्वेत, अश्वेत, यहूदी, प्रोटेस्टेंट, कैथोलिक हाथों में हाथ लेकर नीग्रो आध्यात्मिकता का यह तराना गाएँगे—'अंतत: हम हुए स्वतंत्र। हम हुए स्वतंत्र! धन्यवाद हे सर्वशक्तिमान परमेश्वर! अंतत: हम हुए स्वतंत्र।'

□

30

मैं लोकतंत्र के आदर्शों का पैरोकार हूँ

✍ अल्बर्ट आइंस्टीन

इस धरती पर हमारी स्थिति विचित्र दिखती है। हममें से हर कोई यहाँ थोड़े समय के लिए अनिच्छापूर्वक या अनामंत्रित आया दिखता है, यह जाने बिना कि वह क्यों आया है या कहाँ से आया है। अपने रोजमर्रा के जीवन में हम केवल यह महसूस करते हैं कि मनुष्य यहाँ दूसरों के लिए आया है—उनके लिए, जिन्हें हम प्यार करते हैं। उन लोगों के लिए भी, जिनकी किस्मत हमारी अपनी किस्मत से बँधी है। मैं इस विचार से प्राय: चिंतित हो जाता हूँ कि मेरा जीवन बहुत हद तक अपने साथियों के काम पर आधारित है। मैं उन लोगों का सचमुच बहुत ऋणी हूँ।

मैं इच्छा की स्वतंत्रता में विश्वास नहीं करता। स्कोपेहाउर के शब्दों में—''मनुष्य जो चाहता है, कर सकता है लेकिन वह जिस चीज की इच्छा करता है, नहीं कर सकता।'' मैं अपने जीवन की हर स्थिति में इन शब्दों को याद रखता हूँ। ये शब्द दूसरों के काम से तालमेल बिठाने में मेरी मदद करते हैं, भले ही वह काम मेरे लिए कष्टदायक हो। इच्छा की स्वतंत्रता के अभाव के प्रति मेरी जागरूकता मुझे अपनी इच्छा से काम करने और फैसला लेनेवाले व्यक्ति के रूप में स्वयं को और अपने साथी व्यक्तियों को बहुत गंभीरता से लेने और अपना आपा खोने से रोकती है। मैंने दौलत और ऐशो-आराम की कामना नहीं की। मैं इनसे बहुत घृणा करता हूँ।

सामाजिक न्याय के प्रति मेरे जुनून के कारण प्राय: दूसरे व्यक्तियों के साथ मेरा टकराव हो जाता है। मैं बंधन और पराधीनता से बहुत घृणा करता हूँ। इस कारण भी दूसरों से मेरा टकराव हो जाता है। मैं बंधन और पराधीनता को बिलकुल आवश्यक नहीं मानता। मेरे मन में हर व्यक्ति के लिए हमेशा से सम्मान रहा है; लेकिन हिंसा और गुटबाजी से मुझे नफरत रही है।

इस मायने में मैं धार्मिक हूँ। मेरे लिए इन रहस्यों के बारे में अटकलें लगाना और उनमें निहित चीजों की महज एक झलक पाने की कोशिश करना ही पर्याप्त है।